CONTENTS

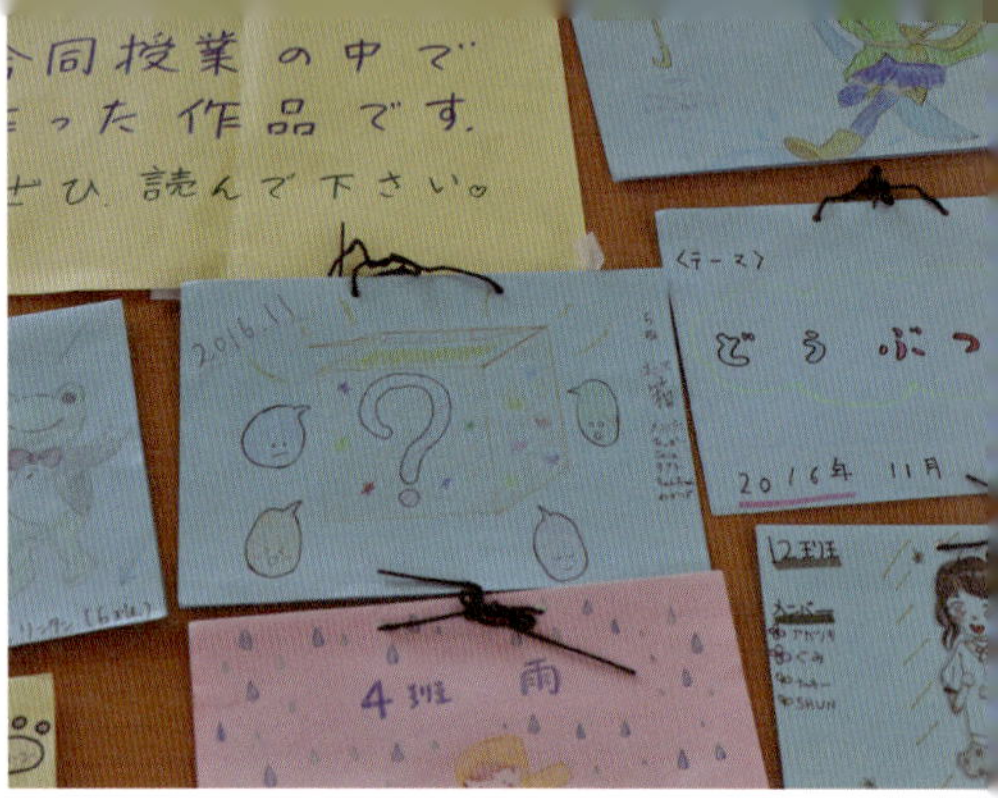

その魅力と実力

国立大学附属学校

戦前の師範学校の時代から戦後の混乱期にいたるまで、
全国の国立大学附属学校は日本の教育のあり方を問いつづけてきた。
その伝統は今日に受け継がれ、国立大学附属学校は大学と一体となった
教育研究を推し進め、国の教育拠点校、そして地域の公教育モデル校として機能している。
いまや全国に259の国立大学附属学校が存在し、在校生は9万人に達した。
まさに、この国立大附属学校は、教育立国「日本」を象徴する教育制度である。
が、15歳の学力は科学リテラシーで世界9位、
数学的リテラシーで5位、読解力で8位に甘んじている。
一方で、「大学全入時代」といわれて久しいが、学歴社会への批判もいまだ根強く存在する。
いま真に必要とされている教育とは、いったい何なのだろうか。
教育改革を求める声が強まる今こそ、教育研究で数歩先をゆく附属学校が、
その方向性を指し示すべきときがきている。
ついては編集部が厳選した全国の国立大学附属学校から19校を取り上げ、
その独自のカリキュラムや教育理念そして現状と課題を紹介する。
あらためて問う、これからの「日本の教育に求められるもの」とは何か、と。
そのヒントが詰まっているはずだ。

北海道教育大学附属函館学校園

北海道函館市にある北海道教育大学附属函館学校園は幼稚園、小学校、中学校を有し、さらに隣接した土地では特別支援学校を運営している。大学はもちろん、各校が連携しながら先進的な研究に取り組んでおり、全国の教員たちが研修に訪れるほど注目を集めている。

北海道は函館の広大な敷地に立つ、函館学校園。学校園内には豊かな緑があふれている

附属幼稚園
橋本忠和園長

附属小学校
永井貴之副校長

附属中学校
金光秀雄校長

附属中学校
白川卓副校長

附属中学校
郡司直孝先生

附属特別支援学校
太田千佳子副校長

附属特別支援学校
紀藤典夫校長

附属幼稚園
齊藤緑副園長

附属小学校
博幸校長

幼稚園からはじまるプログラミング教育

北海道教育大学附属学校園の函館学校園は、同じ敷地内に幼稚園、小学校、中学校、そして北海道教育大学附属特別支援学校を有し、各校で先進的な研究・教育を行っている。たとえば、幼稚園では全国の国立大学附属幼稚園に先駆けて「預かり保育」をはじめた実績があるという。

「大学の先生方や学生といった人材を活用すると同時に、地域住民の方にも参加いただき預かり保育をいちはやく導入しました。今年度からは、延長保育や朝預かり、長期休業中の預かりもはじめました。子どものことを主体に考えながら、さまざまな方の知識や経験を生かした体験を重ねることができる幼稚園、そんな幼稚園を目指し

幼稚園での預かり保育の様子

ています」（附属幼稚園齊藤　緑副園長）

　幼稚園での教育内容もユニークだ。たとえば、附属小中学校で重視されているICT教育やアクティブラーニングにつながる遊びをすでに実施しているのだ。

「年長児にはひとり1台のタブレット端末を用意し、プログラミング教育を実践しています。幼稚園の頃からタブレットを使って記録をとったり、日々の振り返りを行ったりもしています。小学校、中学校の単元学習のやり方につなげていけるような形で、研究と実践を進めています」（同園橋本忠和園長）

アクティブラーニングで連携する小学校・中学校

　附属小学校はアクティブラーニングをはやくから取り入れていたことで知られる。研究をはじめたのは2013年。翌14年秋には中教審においてアクティブラーニングを重視する方針が発表され、全国から多くの教員が研修のために訪れたという。

　このアクティブラーニングによって、児童たちは日頃の授業から自分たちでテーマを見つけて課題解決に取り組むという姿勢を学んでいくという。その成果が発揮されるのは、6年生での修学旅行だそうだ。

「これはほかの学校であれば、小学校ではなく中学校の総合的な学習の時間で行う『自主研修』にあたります。修学旅行ではその地域で調べたいテーマや内容、見学コースを自分たちできめて、スケジュールを組み、丸一日、自分たちだけですごしてもらうようにしています」（附属小学校北村博幸校長）

　そして中学校になるとICT教育を生かして、より深みのあるアクティブラーニングが実施される。

「これまでもタブレット端末を利用してきましたが、今年度の新入生からは保護者負担でひとり1台クロームブックを購入し、活用しています」（附属中学校郡司直孝先生）

　そのアクティブラーニングの中心となるのが、同校で「探究」と呼ばれる総合的な学習の時間だ。

「『よりよい社会の建設に協力できる生徒』を育成することを教育目標とした授業づくりに取り組んでいます。そういった学習を積み重ね、今年度の1年生が卒業するときには卒業論文を書いてもらう予定です。さっそく、生徒たちの興味、関心を広げてもらうために大学の先生方が講義をする『ツキイチプロジェクト』というものをはじめました。心理学やジェンダーなど、なるべく教科には直接関係ないテーマの講義をしてもらい、子どもたちの探究心を育てていきたいと考えています」（同）

自閉症児教育研究で全国をリードする支援学校

　先進的な教育・研究という点では特別支援学校での取り組みもユニークだ。

「当校では1998年より4年間、全国で初めて自閉症児の障害面に関するテーマを研究しました。このときの研究成果は、子どもたちの動線を考えた環境づくりや視覚的な支援など、現在の特別支援学校の学習環境に大いに反映されています」（附属特別支援学校太田千佳子副校長）

　しかし、当時は「特別支援学校とうたいながら、ひとつの障害に特化した研究をするのはどうなのか」と校内でも意見が分かれたという。だが、多くの特別支援学校では自閉症の子どもたちの対応について悩んでいたこと、自閉症の子どもとのかかわり方や指導方法は、ダウン症などほかの知的障害のある子どもにとっても役に立つのではないかということで、この研究を推進していくことになったという。

　もちろん教育・研究の拠点としてだけでなく、地域の拠点としての機能も発揮している。

「本校には、支援センターとしての機能もあります。具体的には大学と連携して『きりのめキッズクラブ』という幼児期の子育て支援を行ったり、幼稚園や小・中学校に勤める先生方に向けた『きりのめサロン』といった取り組みも行っています。ときに、依頼があれば本校の特別支援教育コーディネーターが心理検査をしたり、行動の特性や学びの特性を説明しながらより適切な学びの場を提案することもあります」（同）

　子どもの視点に立ったきめ細かい教育と研究。それが同校の校風を培い、子どもたちをノビノビと育てることにつながっているようだ。

特別支援学校パンフレットより

トピックス

クラウドサービスを利用した「反転授業」で充実の家庭学習

ひとりに1台与えられたクロームブックをフル活用して、中学生は授業に臨む

先述した通り、北海道教育大学附属函館学校園はＩＣＴ教育に力を入れている。中学校では全国的にまだ珍しいクラウドサービスを活用した学習方法を取り入れているという。

「従来であれば、黒板を使って先生が授業をして宿題を出し、それを家でやるのが家庭学習でしたが、本校では授業映像をクラウドサービスで配信し、家に持ち帰って観てもらうシステムを導入しています」（前出の郡司先生）

事前に映像を見て臨むことにより、教室での黒板を使った授業の時間が短縮され、より実践的な議論や討論などに時間をさけるようになるという。こうした学習方法は「反転授業」と呼ばれている。その際に活用されるのは、ひとり１台のタブレット端末だ。

「デバイスは学校だけで使用するのではなく、自宅でも自由に使用できるようにしています。１年時に生徒に渡され、卒業時には返してもらう仕組みなので、自宅にＰＣなどの環境がない生徒でも、３年間、十分にＩＣＴ教育のメリットを享受することができるのです」（同）

この柔軟な学習方法を支えているのは、クラウドシステムだ。従来は学校のサーバー上に授業動画をアップロードし、生徒たちはそれを学内でダウンロードして視聴していたが、クラウドサービスに切り替えたことで、自宅からでもデータにアクセスすることができるようになったという。

「いつでもどこでもアクセス可能になったのは大きなメリットです。授業映像だけでなく、授業中の実験内容や提出物も生徒がクラウドにアップすることで先生に見てもらえるし、設定によってはほかの生徒も見られるようになります。すでにこうした双方向性を生かした授業も展開しています」（附属中学校白川卓副校長）

また、先生による授業映像だけでなく、外部から招聘した特別講義なども閲覧できるようになっている。

「先述の『ツキイチプロジェクト』の映像も、クラウド上でアクセスできるようになっています。このように学校での学習を家庭に持ち帰るための手段として、反転授業は非常に有効だと考えています」（前出の郡司先生）

ＩＣＴをフル活用した学習方法は、今後の教育の目玉になっていくだろう。

From OG・OB

函館という地域に貢献を続け『ブラタモリ』にも出演した卒業生

北海道教育大学附属中学校の第33期生で、同校同窓会会長を務める函館工業高等専門学校の奥平理教授は、3年間の附属学校での生活を鮮明に記憶している。

「多くの友人にも恵まれた、素敵な3年間でした。当然、学校では勉強しますが、部活動にも力を入れました。柔道部に入部し、2年のときに部長になりました。部員が少なくてなかなか練習ができず悩むこともありましたが、練習中は部員たちと大いに切磋琢磨できたと思います。ほかには梧桐祭（文化祭）の学年別学級対抗合唱コンクールでタクトを3年連続で振りました。クラスをまとめるのはけっこう大変でしたが、クラスの協力もあって最後まで務めることができました。また、梧桐祭で行われた1年生から3年生までが参加する縦割りの演劇では、3年生のときに監督を務めました。全学年からなる混成チームをまとめるのも大変でしたが、成功裏に終わったときには感動し、皆で涙を流しました」

こうした経験によって奥平氏はリーダーシップを培い、それが現在の仕事にも生かされているという。実際、奥平氏は本業のほかに、市役所などでの審議会や委員会に積極的に参加し、その多くで座長を務めているという。

そのかたわら、本業の公開講座では、函館観光の魅力を市民に伝える『まちあるきツアー』をこの15年ほど毎年行ってきたそうだ。「その活動が認められたのか、『ブラタモリ』（NHK）の『函館の夜景はなぜ美しい？』（15年6月13日放送）と題した回では、タモリさんを案内させていただくことになった」そうだ。最近ではそういった経験を生かし、観光ボランティアガイド育成事業にも協力しているという。

「これからも地域のために、微力ながら貢献し続けていきたいと思います」と話す奥平氏。この地域への熱い思いもまた、附属函館中学校で培われたものなのかもしれない。

奥平氏。『ブラタモリ』出演時、丁ねいかつ詳細な説明に、タモリら出演者は感心していた

DATA

●沿革

[幼稚園]
1970年　北海道教育大学に附属幼稚園設立
1974年　北海道教育大学教育学部附属函館幼稚園に改称
2004年　北海道教育大学附属函館幼稚園に改称

[小学校]
1917年　函館区亀田尋常高等小学校を代用附属校とする
1941年　北海道函館師範学校附属国民学校となる
1951年　北海道学芸大学附属函館小学校として改称
1966年　北海道教育大学の改称により、同附属小学校へ改称

[中学校]
1947年　北海道大に師範学校附属小中学校開校
1951年　北海道学芸大学附属函館中学校へ改称
1966年　北海道教育大学の改称により、同附属中学校へ改称

[特別支援学校]
1973年　北海道教育大学教育学部附属小学校・中学校に特殊学級「きりのめ学園」設置
1976年　北海道教育大学教育学部附属養護学校として開校
2007年　北海道教育大学附属特別支援学校に改称

●教育理念・校訓

[幼稚園] 目指す子ども像「いきいきと活動する子」
[小学校] 校訓「強く　明るく　正しく」
[中学校] 校訓「自主　明朗　知徳」
[特別支援学校] 校訓「つよく　あかるく　すなおに」

●主な行事

・ちびっこ祭り（幼稚園）・桐の子スポーツ祭（小学校）
・梧桐祭（中学校）・きりのめサロン（特別支援学校）

●住所

[幼稚園・小学校・中学校]
〒041-0806 北海道函館市美原3-48-6
TEL:0138-4602237（幼稚園）
FAX:0138-47-8731（幼稚園）
TEL:0138-46-2235（小学校）
FAX:0138-47-7376（小学校）
TEL:0138-46-2233（中学校）
FAX:0138-47-6769（中学校）
[特別支援学校]
〒041-0806 北海道函館市美原3-48-1
TEL:0138-46-2515 FAX:0138-47-8729

宮城教育大学附属小学校

東北の地に建つ宮城教育大学附属小学校は、明治以来150年以上におよぶ歴史を持つ伝統校だ。そこでは伝統に甘んじることなく、「たてわり教育」による生徒の自主性を重んじた教育や、ICTや英語教育などの先進的な取り組みが行われている。

ピンク色が目をひく宮城教育大学附属学校校舎

「たてわり活動」で人間関係や役割分担を学ぶ

1874年（明治7年）に官立宮城師範学校附属小学校として創設されて以降150年以上の歴史を持ち、現在では仙台市内全域を学区としている宮城教育大学附属小学校。その一番の特徴は、数十年前から実践されてきた「たてわり活動」である。

このたてわり活動では、同学年・同級の横のつながりだけでなく、異学年の生徒同士の縦のつながりと交流を重視している。1〜6年生まで12人（各学年から男女1人ずつ）のたてわりグループをつくり、自分たちでグループ名をきめて1年間一緒にさまざまな活動を行う。リーダー役を務める6年生がグループ全体を俯瞰して、とくに1年生に声がけ・見守りを行い、5年生がそれをサポートする。3、4年生がそうした先輩たちの背中をしっかりと見ながら、まだわからないことの多い1、2年生の世話もしてあげるというように、子どもたちははやいうちから段階を追って上下関係や役割分担を身をもって学んでいる。

たてわりグループの活動は、年度初めの「1年生を迎える会」からスタートする。自分たちのグループにあらたな仲間として1年生を迎え入れ、その後は日々の遊びの時間や給食・お弁当の時間などをともにするほか、毎月1回は上級生が下級生に掃除の仕方を教えながら、グループごとに清掃活動を行う。そして、もっともそのチームワークや結束力が問われるのが、秋の「なかよし運動会」だ。

「なかよし運動会は、学級対抗の真剣勝負。児童たちは学年ごとではなく、1〜6年生までたてわりの組集団（1〜4組）になっているので、全学年が自分の組集団を一生懸命応援することになる。普段のたてわりグループの活動があるおかげで、異なる年齢同士の子どもたちの応援も息がピッタリ合うという。

ほかにも、例年開催する児童会行事でもこのたてわり学級のグループ力が発揮される。ゲームやアトラクションの出店にあたっても異年齢の子どもたちで活発に議論し合う。同校にはひとつの行事を異学年同士で共有したり、ひとつのコト・モノを異学年同士で共創したりといった機会が多数設けられているのだ。こうした学習環境こそ、子どもたちの「考える力」が育むという。

異なる年齢の児童と親しくふ

れあうグループのなかで、子どもたちはつねに自分の1年後、2年後の将来像をイメージしたり、あるいは以前の自身を振り返りながら、今自分がどうしたいのか、そのために何をすべきかをしっかり考えるようになるという。教師に求められているのは、そのためのサポートだ。教師はそれぞれに自分のオリジナリティーも加味しながら、子どもたち一人ひとりの「考える」手伝いをしているという。

生徒たち主導の話し合いで個性的な学級名をきめる

また、同校ではこのたてわりグループだけでなく、全学級に名を付けることにしているという。これがまさに「今、自分がどうしたいのか、そのために何をすべきか」を考える絶好の機会となっている。

年度初めに、児童たちは自分たちで「どんな学級にしていきたいか」をしっかり話し合ったうえで学級名をきめていく。たとえば2017度の学級名をみてみると、1年4組「ぴかぴかダイヤモンド学級」は、ダイヤモンドのように強く輝く心を目指して磨き合う学級というのがテーマ。2年1組「MINT学級」は、それぞれのアルファベットに(M)みんなが元気に、(I)いつも明るく、(N)なかよく、(T)力を合わせてすごすという思いを込めとのこと。5年2組の「スイッチ学級」には「盛り上がりと真剣さの〝上級〟な切り替えをしよう」という意が込められているそうだ。6年2組「Specialラーメン学級」というユニークな名は、複数の具材が絡み合い、みんなの良さを認め合える温かい学級の意だという。このように、児童が明確に目標や理想像を考え、自分たちで名称をきめたという意識があるからこそ、その実現に向けて力を出せるのだ。

ちなみに、クラス名とは別に学年名も存在する。こちらは入学時に教師が「どんな子どもちに育ってほしいか」をテーマに決定し、以後、6年間その学年をあらわす看板となる。平成29年度の1学年の学年名は「なずな」。「なずなの実のハートの形に『心』を重ね合わせ、心を大事にする人になってほしいという願いを込めた」という。また、植物のなずなの名称の由来が「撫菜」、つまり「撫でたいほどに愛らしい菜」からきていることから「保護者の皆様とともに、担任一同、愛情をもって指導していきたい」という意味も込められているそうだ。

先進的な英語教育と積極的なICT活用

英語教育においても、先進的な取り組みがなされている。国の外国語教育強化地域拠点事業の認可を受け、同校と同附属中学校、県立の仙台第二高校、公立の宮城第一高校、さらに宮城教育大学とも協力し、「小中高大を接続させての外国語教育」を実践しているのだ。学習指導要領の改訂を見据え、1、2年生は月17時間、3、4年生は35時間、5、6年生になると70時間(週2時間)の英語の授業を行っている。

このカリキュラムでは、基本的には学級担任主導で授業をし、そのうえでALT(外国語指導助手)のサポートが入る。そして当然、教えっぱなし、学びっぱなしにするのではなく、学期末にはALTが全学年の全生徒一人ひとりのパフォーマンスチェックを行い、学習成果を評価している。実際の会話力や異言語でのコミュニケーション力をマンツーマンでチェックするためのものだが、英語でのやりとりを楽しむことができるように心掛けているという。

また、宮城教育大学の姉妹校であるハワイ大学から学生を招いての特別授業や、現地の子どもたちとの情報交換・交流にも取り組んでいるという。

もうひとつ、同校は授業のICT化に全国でいちはやく挑戦している。現在ではタブレット端末や電子黒板は学校教育の現場に広く普及しつつあるが、同校がそれらを導入したのは2012年のことで、授業の公開研究も行ったそうだ。

全国に先駆けて導入した分、ケーススタディを積み重ねながら、どのような使い方が効果的かを模索してきた。今では上級生がタブレット端末を持って修学旅行に出かけたり、郊外学習で撮影した写真や動画をもとに発表をしたり、とさまざまな形でICTが学校生活に取り入れられている。

異学年同士が同じ〝時と場〟を共有する「たてわり活動」の伝統を基盤として、こうした先進的な取り組みにもつぎつぎと挑戦する同校。これからも、次世代に活躍する人材が多数羽ばたいていくに違いない。

トピックス

プログラムは30曲以上！40年以上続く「合唱の会」

学年合唱の様子

「合唱の会」は、同校創立100周年記念の会として、1975年に県民会館を会場としてはじまった行事である。その成果はこれまで、公開研究会での発表や記念レコード・CDの作成などによって、県の内外に発表されてきた。

全学級・学年で行う合唱の会は、音楽専科の先生中心の演奏会でもたんなる音楽発表会でもなく、1年間かけて学級をつくり、学年をまとめあげ、学校全体を育てていくことを目的としている。毎年12月に開催され、学年合唱と学級合唱があり、プログラムは30曲以上だというから盛大だ。当日は全学級の担任がステージに上がって指揮をとり、子どもたちが自分たちの曲を発表するという。この晴れ舞台に向けて、児童は4月の学級開きから日々声づくりに励む。学級一体となって練習するなかで、子どもたちはおたがいの心をつなぎ合わせ、響き合わせ、ひとつにまとまっていく。と同時に、教師と子どもたち、学校の教師集団、職員集団の団結力も高まっていくという。

こうして途切れることなくつづいてきたこの合唱の会は、今年で44回を迎える。異学年の児童たちの協調・共創のための「たてわり活動」と学級づくりを重視する同校を象徴する行事である。

合唱会プログラム

学級合唱の様子

From OG・OB

「歌う生物学者」に元AKB 活躍する卒業生たち

150年以上の歴史を持つ宮城教育大学附属小学校は、さまざまな人物を輩出している。

動物生理学を専門とする生物学者、本川達雄氏もそのひとりだ。動物のサイズとその姿形のデザインに関する知見を一般向けに解説した著書『ゾウの時間ネズミの時間』（中公新書）はベストセラーとなり、翌年の講談社出版文化賞を受賞している。最近でも、2017年2月に刊行した『ウニはすごいバッタもすごい』（中公新書）が話題を呼んでいる。このように「わかりやすく」「身近なもの」をテーマに執筆する本川氏は科学の普及に力を入れており、高校生向けの参考書や教科書も数多く執筆しているのだ。

また同氏は「歌う生物学者」としても知られている。講義内容や生物学の知識を歌にして発表する、ユニークな学習方法を提唱しているのだ。02年にはCDと楽譜付きの『歌う生物学 必修編』（阪急コミュニケーションズ）なる著書も刊行している。こうした奔放な学習方法を生み出す本川氏の発想は、附属小学校のノビノビとした校風に由来するのかもしれない。

「歌」といえば、芸能の世界で活躍する卒業生も見逃せない。女優であり、元AKB48のメンバーである岩田華怜氏も卒業生だ。附属中学校への進学を目前に控えた小学校6年生で、研究生オーディションに挑むがその直後、東日本大震災が発生。彼女自身がかつてインタビューで語ったところによれば、多くの被災者が苦しんでいるときに、自分だけ笑顔で踊っていていいのかと悩んだが、母親に背中を押され、上京を決心。見事合格した。その後、AKBの一員としてもたびたび被災地を訪問し、復興支援チャリティーソング「花は咲く」にも参加し、ソロも歌い上げた。NHKのドキュメンタリー番組で母校を訪問した際には、同曲を合唱する後輩たちの姿に感銘を受けたと語っている（ウェブサイト「Youth for 3.11」掲載）。16年5月にAKBを卒業し、現在は女優として活躍する彼女の背景には、小学校時代に東北で培った精神が息づいていると感じられる。

道をきわめるという点では、東北学院大学で教授を務める「弓術」の専門家、黒須憲氏も卒業生だ。高校からはじめた弓道一筋で、弓矢の歴史から日本の歴史・文化の研究を行っている。附属小学校でも「同窓会記念授業」のなかで、在校生を前に実際に矢を射る姿を披露した。

むろんここで紹介した卒業生はごく一部、多くの卒業生がさまざまな場所、各界で活躍しているのだ。

本川氏著書『ゾウの時間ネズミの時間』

岩田華怜さんが参加した復興支援チャリティーソング「花は咲く」

DATA

沿革

1874年	官立宮城師範学校の附属小学校として上等・下等を併置し、市内勾当台通に創設
1951年	制度改正により東北大学教育学部附属小学校となる
1967年	東北大学より宮城教育大学に移管され、宮城教育大学附属小学校となる
1994年	学区を仙台市内全域とする
2004年	国立大学法人化にともない、国立大学法人宮城教育大学附属小学校となる

教育理念

日々の教育実践を通して、「体も心もたくましく、しかも、しなやかな子供」の育成を目指す。

主な行事

・合唱の会 ・なかよし運動会

住所

〒980-0011 仙台市青葉区上杉六丁目4-1
TEL 022-234-0318 FAX 022-234-0303

筑波大学附属大塚特別支援学校

筑波大学附属大塚特別支援学校では、幼稚部から高等部まで一貫した教育目標にもとづいて、知的障害を持つ子どもの教育に取り組んでいる。2020年の東京オリンピック・パラリンピックも見据えた「共生社会の実現」に向けて行われる取り組みを紹介したい。

筑波大学附属特別支援学校昇降口

根本文雄副校長

特別支援の伝統校 知的障害教育における先導的拠点の役割も

筑波大学附属大塚特別支援学校は1960年に開設された、知的障害児のための学校だ。その歴史は1908年にまでさかのぼる。東京高等師範学校附属小学校の第三部で「補助学級」としてスタートした。現在は幼稚部から小学部、中学部、高等部にいたるまで「子ども自身の願いや思いを大切に、自立と社会・文化への参加をめざし、発達及び可能性のより豊かな発現を図る」ことを教育目標に、一貫した教育を行っている。また支援部を設け、同校のある文京区を中心に近隣の幼稚園・保育園や小中学校の授業づくりへの支援をしたり、障害者団体やNPOへの施設提供を行ったりと、地域の拠点としての役割も担っている。

さらに筑波大学の附属機関として、知的障害児の理論および実践に関する研究や教育実習、介護などの体験実習も積極的に受け入れている。

ミライ志向の研究を実践 目指すは〝世界水準の教育〟

筑波大学附属学校教育局は「先導的教育」「国際教育」「教師教育」の3つの教育拠点構想を掲げ、知的障害教育にも全力投球している。そして現在、重点プロジェクトとして「インクルーシブ教育」「オリンピック・パラリンピック教育」「ミライの体育館」の3つを実践している。

障害のある人とない人がともに学ぶことを通して、共生社会を目指していくのが「インクルーシブ教育」の目的。同校の高等部では、2015年度から文科省の助成を受け、「学校における交流及び共同学習を通じた障害者理解（心のバリアフリー）の推進事業」に取り組んでおり、筑波大学附属坂戸高校とアダプテッドスポーツ（ルールや道具を工夫したスポーツ）で年間を通じた交流を行っている。

「障害の有無にかかわらず、おたがいが対等な関係でスポーツを楽しむことで、他者を認める、一人ひとりを認めるということにつながります。坂戸高校の生徒は、年間の交流を通して、本校の生徒の弱いところ（欠点や苦手なこと、困難さ）に気づいた上で、一人ひとりの長所や得意な部分を認めてくれます」（附属大塚特別支援学校根本文雄副校長）

高等部からはじまったこの事業は、これまで幼稚部、小学部、中学部が取り組んできた交流にも生かされ、翌年度からも継続されている。近隣の幼稚園との交流や筑波大学附属の小学校・高等学校・駒場高校と内容を深め、回数を増やしながら学校全体で進めている。

また「オリンピック・パラリンピック教育」は、20年の東京オリンピック・パラリンピックに向けて進められている。それは「日本の体育の父」とも呼ばれる嘉納治五郎が東京高等師範学校附属中学校（現・筑波大学附属中学校・高等学校）の校長を務めたことにも関係するとか。筑波大学出身のオリンピック選手、パラリンピック選手を招いて、生徒たちと一緒に競技をすることもあるという。

そして、「オリンピック・パラリンピックのレガシー（遺産）として〝共生社会の実現〟ということがありますが、私たちは心のバリアフリー事業を積極的に推進していこうと思っています。オリンピック・パラリンピックの大事なところは、他者を認める点にあります。勝った・負けたという結果だけを評価するのではなく、その過程にある努力を認め合うということです。また、知的障害を持つ子どもたちにとってスポーツは、社会性を磨く仲間づくりの場であり、ルールやマナーを守って自己をコントロールする経験の場でもあります。また周りの人への感謝の気持ちや物を大切にするといったさまざまな学習効果があります」（同）

テクノロジーを活用した新感覚の体育館

さらに、同校の先進的・実験的な取り組みとして「ミライの体育館」プロジェクトというのがある。筑波大学人工知能研究室との共同研究により、世界初のプロジェクション・マッピングを使用した体育館の運用をはじめた。同校の体育館に入るとまず目に入ってくるのは、天井に設置された8機の巨大プロジェクターだ。このプロジェクターから床に映像を映し出すのだ。

この「ミライ体育館」で実践している取り組みのひとつに体育プログラムがある。矢印などの映像を映し出し、子どもの動きを支援するというものだ。もうひとつは社会性のプログラム。こちらは子どもたちの動きや集団行動を計測するためのカメラを設置し、ウェラブル端末と連携し、それらに合わせてプロジェクション・マッピングを行うというもの。たとえば、目と目が合うと光るウェラブル端末を子どもたちの頭に装着し、その子がどういう視点でモノを見ているか、その軌跡を映像となって映し出す。それにより、教師たちは子どもたちがほかの子どもたちとどのようにかかわったのかを把握することができる。こうしたプログラムのおかげで、子どもたちは指示されなくても、自分で判断して動作ができるようになるという。

「今後は近隣の老人ホームの方たちにも、このプログラムを体験してもらおうと思っています。そして将来的には特別支援学校のなかだけでなく、地域へのサービスとして『ミライの体育館』の成果を提供できないかと考えています」（同）

プロジェクションマッピングを導入した「ミライ体育館」

トピックス

教育の現場から生まれた「音声ペン」やiPadアプリ

音声ペンを活用して授業を受ける生徒

同校では障害教育の現場から生まれた教材や指導法を発信していくことにも力を入れている。たとえば近年では、ICTなどを活用したあらたな教材の開発にも熱心だ。

なかでも、言葉の発声・発音が不自由な子どものために開発された「音声ペン」は実にユニーク。これはバーコードや特殊なドットコードが印刷された教材やシールなどをペンでタッチすると、あらかじめ録音しておいた音声データがペンに内蔵されたSDカードから再生されるというもの。発語や発声のない幼児・児童・生徒たちは、それを聞きながら聞き取りや発声の訓練をすることができる。こうした音声データは子どもたち自身で録音することもでき、言葉の練習にもつながる。

また、企業とともに開発したiPad用のプレゼンテーションソフトも実用的だ。こちらは画像やテキストに音声を直接録音できる音声機能や指で直接スライドに書き込める手書き機能などを搭載し、言葉で表現することが難しい子どもや、文字だけでは認識しづらい子どもにも使いやすいような工夫がなされている。

同校ではこうしたICTを活用した教材だけでなく、ゲームや道具を通して、数や色、重さや方向感覚を認識することを支援する教材も多数開発している。子どもたちは主体的で多様な学びを体験することで、さまざまな感覚を身につけていく。それらの教材は同校の校舎内に展示されているだけでなく、教材展や研究会などでも発表しており、教材を使った教育の成果や指導法については出版物などにして、障害教育の現場に還元していくという。

こうした取り組みを通して公教育を支えるとともに、同校では子どもたちの自尊心を育てることに力を入れている。

「できないことを指摘するのではなく、成功体験をつくり、ほめてあげること。私たちは〝自分自身の力を信じ〟同じように〝他者と認め合う〟心を育てることに注力しています。そうやって認め合い、ほめられた育った子どもたちは他人を傷つけることはしません。むしろ命の大切さ、人間とは何かを私たちに教えてくれます」（前出の根本副校長）

From OG・OB

チームで清掃業務に取り組む今年春の卒業生

今年の4月に筑波大学附属大塚特別支援学校を卒業した竹内勇司さんは、いまドコモのグループ会社であるドコモ・プラスハーティで働いている。ドコモ・プラスハーティは、知的障害を持つ人を中心に雇用をすすめ、社内の清掃業務を担っている。竹内さんはいま代々木にあるNTTドコモ代々木ビルで、毎朝7時過ぎから14時過ぎまで、オフィスと給湯室、トイレの清掃を行っているそうだ。「最初は慣れなくて疲れることもありましたが、休まず働いています。仕事は楽しいです。トイレの洗面台を磨くのが得意です」と話す。

大塚特別支援学校では、高等部の1年生から毎年、現場実習を行い、就職に備えて適性をさぐる進路学習が行われる。そのなかで竹内さんは「清掃業務は向いているかも」と感じ、今の職についたという。

複数人でチームを組んで、効率や各自の得手、不得手を考慮して割り振られた担当に応じて清掃業務に励む今の職場でも、学校時代に学んだことが生かされている。

「何かあったときにメモをしておいて後から見返すことの大切さを、担任の先生にはずっといわれてきました。それから、学校時代は『返事の声が小さい』とよく指摘されていました。どちらも今は大丈夫で、仕事の場で役に立っています」と竹内さん。

学校時代の思い出を聞いてみると、「運動会が楽しかったです。応援団長をやりました。みんなで声出しの練習をするのですが、なかなか声が出なくて大変で、昼休みにずっとやっていた記憶があります。思い出深いです」という。今年の5月には、母校の運動会に遊びに行ったそうだ。

清掃の現場を覗かせてもらうと、和気藹々《あいあい》とした雰囲気ながらも、それぞれが責任感を持って業務に取り組んでいるのが伝わってきた。

DATA

沿革

1908年	東京高等師範学校附属小学校・第三部に補助学級設立
1956年	東京教育大学附属中学校特殊学級新設
1960年	附属小学部・中学部にて養護学校開校
1978年	東京教育大学閉鎖に伴い、筑波大学に移管される
2007年	筑波大学附属大塚特別支援学校へ改称

教育目標

① 主体的に生活（「くらし」「働く」「余暇」）に向かう力を身につける。
② 生活を豊かにするために必要な知識・技能とそれらを統合し、よりよく問題解決をする力を身につける。
③ 人と共に様々な活動に参加する力を身につける。

住所

〒112-0003 東京都文京区春日1-5-5
TEL:03-3813-5569 FAX:03-5684-4841

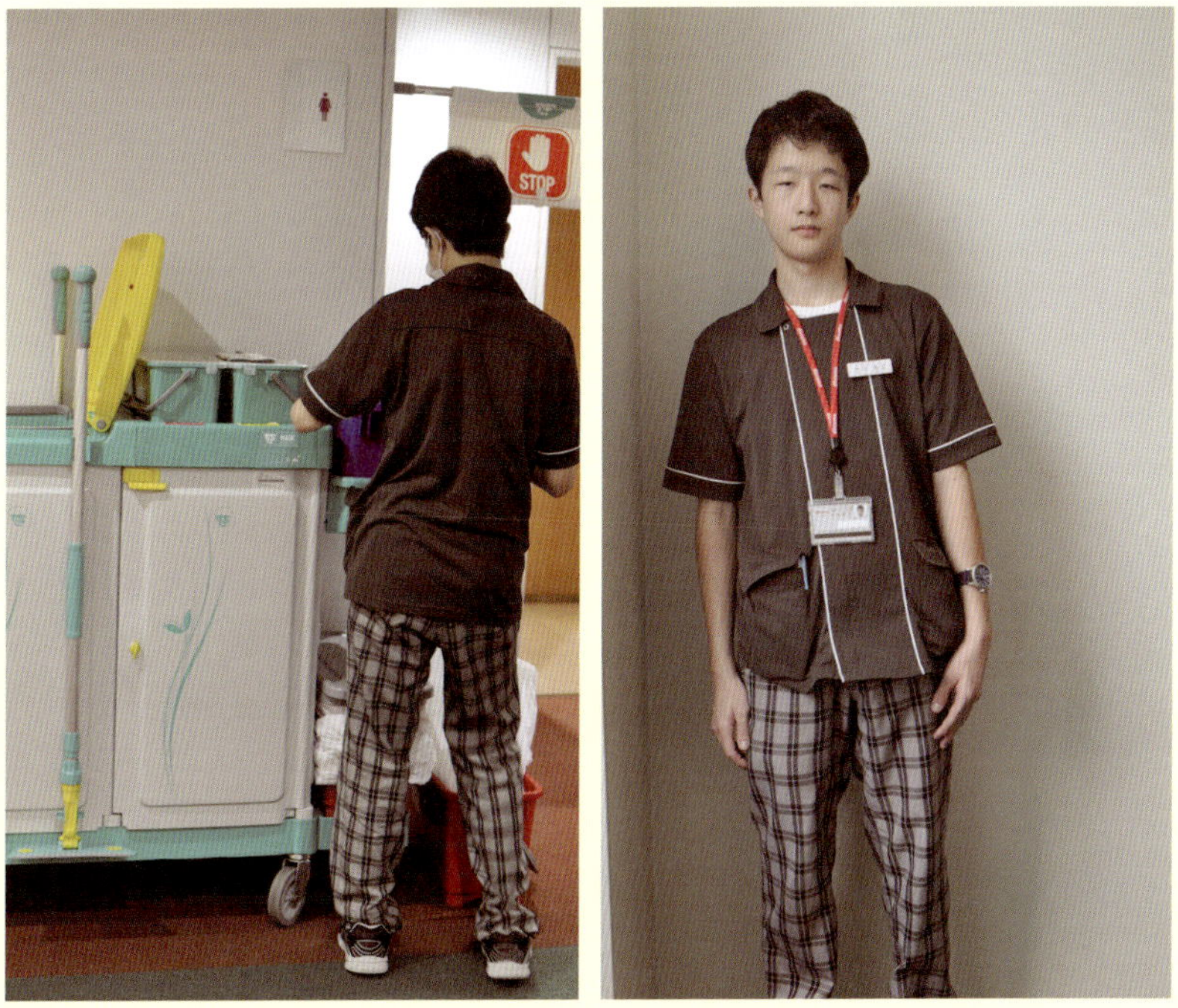

朝早くから、清掃業務にはげむ竹内さん

千葉大学教育学部附属学校園

千葉大学教育学部附属学校園は、附属学校のなかでもとくに大学との連携が強いのが特徴。近接した立地を生かした、密な連携研究が日々行われている。その成果はどのように生徒たちに還元されているのだろうか。

千葉大学教育学部附属小学校校舎

附属特別支援学校
北島善夫校長

附属小学校
片岡洋子校長

附属中学校
丸山研一校長

附属幼稚園
山田哲弘園長

千葉大学教育学部附属学校園には、幼稚園、小学校、中学校、特別支援学校が設置されている。附属学校が担う役割のひとつに教育研究があるが、同校ではこの研究に注力しつづけてきた。たとえば2000年に全国の学校で「総合的な学習の時間」が導入されたが、千葉大学教育学部附属小学校では1979年からこの授業を行ってきたという。そのため、全国的な導入時には同校に1000人以上の教職員の研修申込みがあったそうだ。また、インターネットが世間に認知される95年以前から、同中学校では千葉大学が導入したコンピュータを使用して、積極的に情報学習の機会を生徒たちに提供してきた。実は日本でもっともはやく中学校のホームページを立ち上げたのも同校だったのだ。

現在は「千葉大学教育学部―附属学校園間連携研究」として年間40～50件もの研究を行い、毎年これをまとめあげ、1冊の成果報告書として発行しているそうだ。幼稚園、小学校、中学校は、千葉大学のメインキャンパスとなる「西千葉キャンパス」内にあり、小・中学校のすぐ隣りには教育学部の建物がある。キャンパス外にある特別支援学校も、車で20分の距離にあり、それぞれが緊密に連絡を取り合い、研究にあたっているという。

しかし、このような連携研究は、昔から活発に行われていたというわけではなかった。かつてはそれぞれの研究者も、成果報告書も研究ごとにバラバラだったそうだ。ところが、その研究体制を変えるきっかけとなったのが、大学の独立法人化だった。

「それ以前にも連携研究は行われていましたが、ここまで活発になったのは独立法人化後のこの10年ほどのことです。附属学校の役割を問う声が大きくなり、本校でもどのようにすれば特色を発揮できるか、と考えました。その結果、建物が近接している利点を活用し、教育学部が附属の教育研究に対して積極的にコミットして連携研究を活発化させていこうということになったのです。研究費は、学部長裁量経費として1件5万円程度の予算がついています」（附属小学校片岡洋子校長）

今ではこの連携研究を行っている附属学校は数多いが、幼稚園長の山田哲弘先生は「これだけの数の研究を10年あまりにわたって行っている学校は、間違いなく千葉大学教育学部附属だけ」と胸を張る。では、同校ではいったいどのような連携研究が行われているのだろうか。

地域の健康や安全の発信拠点たる学校をつくる

タブレット端末の配布による教育的効果の実証研究、教育実習指導における課題の抽出、放射線教育学習プログラムの開発、18年度から必修化される道徳教育の実践研究など、同校における学部連携研究の種類、数は枚挙に暇がない。そのなかでも先駆的な取り組みとして注目されているのが、WHOが推進している「ヘルス・プロモーティング・スクール（HPS）」の研究だ。この取り組みはヨーロッパ各国をはじめ、ニュージーランド、オーストラリア、中国、台湾などでも導入されているが、同校でははやくも09年から動きはじめている。

「園児、児童、生徒、保護者、先生、そして地域を含めて、包括的に健康的な学校づくりを行い、地域の健康や安全の発信拠点としての役割をはたすのがHPSです。この認証制度を確立するために、リサーチを実施したり具体的なアンケート項目を作成したり、どのような方法であれば日本の公立学校のなかでも機能していくか、プロセスづくりを模索してきました。附属学校を実験校として、今後、全国の各公立学校へとそのシステムを発信していくことを目指しています」（附属幼稚園入澤里子副園長）

また近年の連携研究は、教育学部だけにとどまらない。幼稚園では工学部デザイン科と連携し、園庭に置かれる遊具の研究を行ったり、小学校では薬学部と連携して薬物乱用指導を実施するなどしている。さらに16年度より必須化された「運動器検診（筋肉や関節などの運動器に対する検診）」においては、医学部に所属する整形外科の教授が研究プロジェクトを立ち上げ、子どもたちの詳細データを収集している。

大学と附属学校の人的交流も活発化

ではなぜ、このような連携研究が広がっていったのか。前出の片岡校長は「千葉大学の徳久剛史学長が掲げた『TOKUHISA PLAN』において、附属学校の役割にも言及、一般的に附属学校は教育学部の一組織ですが、医学部出身の学長は、その重要性を『医学部と附属病院との関係のようなもの』と認識し、教育学部をはじめとする各学部と附属学校との連携強化をはかっているのです」と話す。

その連携は大学と附属学校との人的交流にもおよんでいる。研究における連携だけではなく、学部と各附属学校を交えた定期的な会議を開催し、研究課題や情報の共有をこまめに行い、小学校、中学校、特別支援学校の副校長が「特命教授」として大学での授業を受け持ち、附属学校には教育学部から「特命教諭」を派遣している。ユニークなところでは、陸上大会に出場する小学生のために、大学陸上部の学生や体育科の学生たちが、エキスパートとして指導にもあたっている。

つまり、千葉大附属学校園は総合大学附属学校としてのあり方を模索しているのだ。その先駆的な取り組みは、地域に還元され、千葉県全体の学力や教員の質の向上に寄与しているといえるだろう。

千葉大学教育学部附属中学校校舎

毎年度発行する連携研究成果報告書

トピックス

2000人以上の来校者を集める 特別支援学校の文化祭

幼稚園の園庭に設置された「にじいろハウス」。特別支援学校の生徒の手によるものだ

毎年11月には、千葉大学教育学部附属特別支援学校で文化祭「ふよう祭」が開催される。その規模は、千葉大学教育学部附属学校全体を巻き込み、一大イベントとなっている。全校児童生徒数54名の特別支援学校の文化祭は、主に革製品のキーホルダーや藍染め製品、焼き物、花苗といった生徒による作業製品の販売やステージ発表などが行われるのに加え、千葉大生、近隣の高校生、そして地域サークルによる催し物も開かれ、大盛況だ。おかげで来校者数は2000人以上、生徒数の約40倍にもなるという。

「本校は、設立時から地域の方々に温かく迎えられ、閑静な住宅街のなかで今も見守っていただいています」と附属特別支援学校横山健司副校長は話す。

とくにPTAによるサポートは、ふよう祭の原動力となっている。附属学校園のPTAは、たえず食事会やソフトボール大会などを開催して親睦を深めているせいか、バザーに出品する品物を集めたり、模擬店を出店したりと、PTAも生徒たちと一緒に楽しんでいるという。

ふよう祭にかぎらず、生徒間による交流も日常から活発に行われている。たとえば、幼稚園の園庭に設置されている小屋は、特別支援学校の生徒の製作によるものだ。「にじいろハウス」と名付けられたこの小屋のなかで、幼稚園の子どもたちはままごと遊びを楽しんでいる。また、生徒の作業製品は千葉大学の生協や佐倉市の国立歴史民俗博物館・売店、NEXCO東日本・湾岸幕張店といった場所で販売されており、地域とのつながりを日常的に構築している。

「自分がつくった製品をほかの人に喜んでもらうことは、生徒たちの自信や自己肯定感を育成することにつながります。『ふよう祭』はその意味でもとても大切なイベントであり、生徒たちのモチベーションにもつながっています。この経験が彼らの自立につながるのです。今は販売していませんが、かつてふよう祭で販売していた野菜の浅漬けは、予約しなければ購入できないほどの人気でした」

実にふよう祭は、千葉大学教育学部附属学校の持つ連携力が最大限に発揮される場となっているのだ。

PTAも生徒も楽しくすごす「ふよう祭」

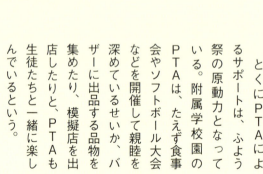

From OG・OB

千葉大附属で育ち戻ってきた幼稚園教諭

井上さんの母校であり勤め先でもある、千葉大学教育学部附属幼稚園

千葉大学教育学部附属幼稚園に入園し、小学校、中学校、そして千葉大学教育学部に進学したというまさに「千葉大学教育学部附属生え抜き」という言葉がぴったりの井上郁さん。大学卒業後は6年にわたって都内の幼稚園に勤務していたが、「いつかは自分の母校で働きたい」という念願が叶って、2016年4月から教諭として千葉大学教育学部附属幼稚園に赴任した。

「本園の特色はとにかく子どもたちの遊びの時間がタップリあるところです。主体的に遊ぶなかで自分を表現し、学びが深まるようにしているのです。つねに子どもたちのことを最優先に、そして子どもたちの声を大事にするのが本園のモットーです」と話す。

かつての井上さんの学校生活のなかでもっとも印象に残っていることをたずねると、「小学校の授業のなかで『大学にいる外国の人に声をかけて仲良くなろう』という授業がありました。4~5人でグループをつくり、大学にいる外国の方に突然、声をかけて連絡先を聞き出すという、今思えばすごい授業でした。最初は心臓が飛び出そうなくらい緊張しましたが、コミュニケーションをとれたときにはとても嬉しかったのを覚えています。日本文化を一緒に体験するために、小学校の中庭でお雑煮を食べたのもいい思い出ですね」とのこと。そして小学校時代には運動会の応援団や「子どもバンド」としてバンド活動に取り組み、隣接する中学校の文化祭に訪れながら、その自由な校風に憧れを抱いたという。もちろん、附属学校らしく、時代のニーズを先取りしたパソコンの授業や総合学習の授業なども忘れがたい思い出だと話す。

現在、井上さんは幼稚園の教諭、3歳になる娘の母としてすごしている。

「千葉大学教育学部附属幼稚園の教諭たちは、けっして学ぶことを忘れない保育者集団です。いつもより良い保育ができるように工夫を重ねている」という。

千葉大学教育学部附属で成長し、千葉大学教育学部附属に戻ってきた井上さん。教諭として次なる世代を育てるその姿には、母校への惜しみない愛情がにじみ出ていた。

DATA

●沿革

1874年	前身である千葉小学校を「千葉師範学校」と改称する
1903年	千葉幼稚園創立
1947年	千葉師範学校男子部附属中学校及び女子部附属中学校設立
1949年	新制千葉大学発足により、千葉大学千葉師範学校附属幼稚園／千葉大学千葉師範学校男子部附属小学校および女子部附属小学校／千葉大学千葉師範学校男子部附属中学校及び女子部附属中学校となる
1951年	千葉大学教育学部附属幼稚園と改称
1966年	千葉大学教育学部附属小学校／千葉大学教育学部附属中学校と改称
1973年	千葉大学教育学部附属養護学校設置
2007年	千葉大学教育学部附属特別支援学校と改称

●教育目標

[幼稚園]うごく／かんじる／かんがえる
[小学校]学び合い、喜び・感動のある学校を創造し、確かな学力と心豊かに生きる力を育てよう
[中学校]自己理解／自己決定／自己実現
[特別支援学校]児童生徒一人ひとりが、仲間とともに活動する中で、個性を存分に発揮し、目当てと見通しをもちながら、自立的に生活できるようになる

●主な行事

〈幼稚園〉
・運動会・焼き芋大会・わくわく発表会
〈小学校〉
・運動会・七夕集会(幼稚園と低学年の交流)
・宿泊学習(4年生以上)
・千葉市陸上大会
・球技大会(高学年)
・文化祭・なわとび大会
〈中学校〉
・共生発表会
〈特別支援学校〉
・運動会
・歩く合宿(高等部)
・ふよう祭

●住所

幼稚園・小学校・中学校
〒263-8522 千葉県千葉市稲毛区弥生町1-33
・幼稚園 TEL:043-251-9001
・小学校 TEL:043-290-2462 FAX:043-290-2461
・中学校 TEL : 043-290-2493 FAX : 043-290-2494
・特別支援学校
〒263-0001 千葉県千葉市稲毛区長沼原町312
TEL:043-258-1111 FAX:043-258-9303

お茶の水女子大学附属学校園

長い歴史を持つお茶の水女子大学附属学校園では、創設時から大学教授が教鞭をとったり、現在は高校生が大学の授業を聴講したりと、大学との連携が盛んだ。こうしたカリキュラムを実現する肝は〝オールお茶の水体制〟にあるという。

東京都内でもゆったりした敷地を持つ、お茶の水女子大学附属小学校

左から、附属幼稚園上坂元絵里副園長、附属小学校神戸佳子副校長、附属中学校小泉薫副校長、附属高等学校菊池美千世副校長

新しい時代の教育を模索し続ける伝統校

お茶の水女子大学の前身は、1875年（明治8年）に設立された東京女子師範学校だ。翌1876年には官立としては日本初の幼稚園となる附属幼稚園を開園。1878年に附属小学校が開校し、1882年には附属高等女学校が開校した。戦後間もなく設立された附属中学校を除けば、いずれも140年の歴史を持つ伝統校である。

「当学校園の特徴は、大学のキャンパス内に、幼稚園から高校まで、すべての附属校が集まっていること。そこで、それぞれの学校園が教育・運営・研究の各分野で緊密に連携しているのです」（附属中学校小泉 薫副校長）

附属学校園が教育の柱として掲げるのは「自主的にものごとに取り組み、自分の考えを持ち、他者と協力関係を築くことのできる幼児・児童・生徒の育成」。そのための教育研究にも、長い歴史がある。

「日本初の官立幼稚園である当園の教育に深くかかわったのが、日本にフレーベル主義を導入し、今の幼児教育の礎を築いた倉橋惣三先生です。現在の園舎と園庭は倉橋先生がいた時代に建てられたもので、『子どもを中心におき、自由な遊びや生活のなかで主体的に考える姿勢を育てる』という、創設時からの理念が反映されています」（附属幼稚園上坂元絵里副園長）

「創設時から大学の先生方がかなり直接的に附属学校園にかかわり、自身で教鞭を執られた方もいますし、今でいうスーパーバイザーとしてかかわったケースもあります。また小学校では、大正初期から作業教育という、手や体を動かしながら学ぶ先進的な教育に取り組みました。当時の日本にはまだその考え方がなかったので、大学の先生方はアメリカなど海外まで勉強に行って、この教育法を根づかせたのです」（附属小学校神戸佳子副校長）

「生活科」や「総合」の時間もこの学校園で研究開発された

こうした子どもたちの発達段階に応じた教育研究は、その後も脈々と受け継がれている。近年の代表的なところでは、全国の小学校低学年で行われている「生活科」や小・中・高で展開されている「総合的な学習の時間」は、同学校園の研究開発を基盤として学習指導要領に取り入れられたものだという。これらの実績が評価され、小・中・高では引きつづき文部科学省からの研究課題に取り組んでいる。小学校の新教科「てつがく科」や、まわりと協働して課題を解決するための思考・判断・表現力を養う中学校の「コミュニケーションデザイン科(CD科)」、高校のスーパーグローバルハイスクール(SGH)などがそれだ。

　CD科について前出の小泉副校長は「『持続可能な社会のための教育』が土台となっていて、答えがひとつではないようなさまざまな問題を解決するための手法を学ぶ科目です。立場や考えの違う相手に自分の考えを伝えるために、どうコミュニケーションをデザインし他者と協働していくか、その基礎となるデータの扱い方から、実践までを扱います」と。

「研究開発は4年間かけて行うので、中学校でCD科の授業を受けた生徒たちがすでに高校に入ってきています。昨今では課題解決よりも課題発見が重要視されており、自主的にテーマをきめ、自分たちで方法を考えて研究する力は大きな強みになります。SGHの報告書を読んだ大学の先生方は、『高校生のうちにこれだけ課題研究の力がついていれば、大学に入ってからが楽だろう』といっていました。逆に、そういう経験がない生徒たちが大学に入ると、ゼミや卒論でとても苦労するようです」(附属高等学校菊池美千世副校長)

幼・小・中・高が集まるオールお茶の水体制

　お茶の水女子大学附属学校園の教育研究は、個別の教科だけでなく、幼稚園から小学校、小学校から中学への移行期にも生かされている。環境や学習内容が極端に変わる進学の前後を「接続期」と捉え、幼と小、小と中が連携して「なだらか」に移行する学習カリキュラムを開発している。

「以前から教員同士のつながりはありましたが、2001年頃からは幼・小・中の連携を強め、合同で行う研究会も増えました。小学5年生と中学1年生で同じ題材を扱って子どもたちの反応を見たり、小学校の教員が中学に行って授業を行ったこともあります。また空き時間があれば、中学の教員が小学校に行って授業の実態を見るといったことも実践しています。同じ敷地内ですから、こういった連携を日常的に行えるのです」(前出の神戸副校長)

　相互学習や研究だけでなく、中学生が行う自主研究の発表を小学生が聞きにきたり、高校生が中学生にSGHのパンフレットを配りながら研究成果を発表したり、児童・生徒たちの往き来も活発だ。また進路やキャリアを考えるうえでは、大学が身近にあることのメリットも大きい。

「もともと高・大連携のキャリア教育の一環として、高校1年次にお茶の水女子大の教授から、学科や学問の内容についてのガイダンスを受ける機会がありました。今年からそれを中学校まで拡大し、中学3年生がグループに分かれて興味のある研究室を訪問するという取り組みをはじめています」(前出の小泉副校長)

「それぞれの附属学校園で行っている研究開発は、一見違うテーマを扱っているように見えますが、実は通じているところがあるのです。たとえば、課題研究のテーマを見つける力やプレゼンテーション能力です。これらを身につけるため、幼稚園で一人ひとりがみずから興味を持って遊びを見つけ、小・中学校では自主的な課題研究を行うようにしています。それが高校のスタートに大きな差となってあらわれてきます」(前出の菊池副校長)

　一人ひとりが自主自律性を身につけたうえで、他者と協働できる能力を養うこと。その目的に向けて、幼・小・中・高がそれぞれの段階における育成を担い、上の学校へと渡していく。こうしたボトムアップでつながる教育が、学校園全体に、教育指針として根づいているのだ。

1931年に竣工された附属幼稚園の建物は、その意匠から有形文化財に登録されている

お茶の水女子大学附属中学校校舎

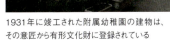

トピックス

学問的な探究の芽を養う「自主研究」と「高大連携」

幼稚園から高校まで、すべての附属学校が大学と同じ構内に存在する利点を、存分に生かしたカリキュラムが行われている

自身で課題を発見し、探究する。その力を養うために、附属中学校では3年間を通して「自主研究」という取り組みを行っている。

「総合的な学習の時間の半分を、自由課題の個人研究に充てています。個人の興味から出発するので、テーマは本当にさまざま。実技系の研究例では、たとえばゆるキャラの全国的な傾向を調べて新しいキャラクターをデザインする生徒もいれば、テニス部に入っている生徒がどのようにすればファーストサーブの確率を上げられるかを研究することもあります」（前出の小泉副校長）

1年生は入門期として、数学の先生からデータの取り方や分析の手法を学ぶ。なかには課題をきめられない生徒もいるので、大学教授による課題発掘セミナーを開き、自身の興味をどう掘り下げれば研究として成立するか、アドバイスを受けながら各自のテーマを詰めていくそうだ。

「3年生の前期で研究をまとめ上げると、代表者が全校生徒の前で発表を行います。大学講堂で行う発表会を小学生も聴講する機会もあるので、『中学生になるとこういう研究ができるんだ』と楽しみに進学してくる生徒も多いですよ」（同）

また、高校に上がると、大学と連携してさらに自分の関心領域を深めることができる。高校の授業が終わる15時以降に行われる大学の授業の一部を受講できるのだ。

「高校と大学ではテストや行事の時期が違うので昨年から聴講のみも可としていますが、原則的には大学生と同じようにテストやレポート提出も課せられて、最終的に評価もつきます。そこで取った単位は、お茶の水女子大学に進学した場合にかぎり、本人が望めば大学の単位として認められます。ただ、高校生としてはがんばったとしてもBやCの評価しかつかないこともありますので、そうした場合は大学に入ったらもう一度ちゃんと受け直したいという生徒がほとんどですね」（前出の菊池副校長）

人気があるのは、英語や中国語、フランス語などの語学や大学1～2年生向けにオムニバス形式で学問の概要を紹介する講義など。環境や心理学など、関心のある分野の授業を体験し、進路の参考にするという生徒もいるようだ。

大学と附属の学校園が同じキャンパスにあることで、生徒たちは、数年先のロールモデルを身近に見ながら成長する。今の学びの先にどういう道があるのかを、意識しながら勉強に取り組めるのだ。

From OG・OB

幼稚園から博士課程まで同じ学校で学んで得たもの

幼稚園から附属小、附属中、附属高校を経て、お茶の水女子大学博士課程に在学中の叢　悠悠さんは、まさに"生え抜き"という言葉がふさわしい。幼稚園から現在まで同じキャンパスに通いつづけた経験を「いつも自分が『歩んできた道』と『これから歩む道』を見ながら、学生生活を送っていました」と振り返る。

「小学生のとき、お茶大から教育実習生が来るたびに『自分があのようなお姉さんになるのは、どれだけ先のことなのだろう』と考えていたのを覚えています」

叢さんは現在、博士課程で情報科学を専攻している。研究職を目指して研鑽の日々を送っているが、この道を選んだきっかけは高校時代にあったそうだ。

「私は高大連携特別入試という制度を使って、お茶の水女子大学理学部情報科学科に入学しました。この制度では、高校3年次の1年間、志望学科の先生による1対1の授業を受けます。私は情報科学科の先生によるプログラミングの授業を受けていました。後期のある日、先生が『学会で発表してみないか』と声をかけてくれました。学会といっても研究発表を行うわけではなく、私が1年間学んできた成果を発表することで、初心者がどのようにプログラミングを習得したかを示すという目的でしたが、そのような機会をもらったことで、高校時代に学会の雰囲気を体験することができました。ほかの発表はほとんど理解できませんでしたが、参加していた先生方や学生たちが夜中まで議論に熱中しているのを見て『私もいつか彼らとディスカッションができるようになりたい』と思ったのを覚えています」

このときの情報科学科の先生が、現在の指導教員だというから、本当に高校時代の経験がそのまま現在につながっているという感じだ。当時けっして理系科目が得意だったわけではない叢さんを、粘り強く指導してくれたのも附属学校の先生たちだったという。

「とくに数学は問題を解くのが遅く、計算ミスも多いほうでした。そんな私に附属学校の先生方は『努力しています』『前向きです』など、いつもポジティブな言葉をかけてくれました。不得意でも、数学がおもしろいと思いつづけられたのは、先生方の励ましがあったからなのだと思います」

高校時代に深い印象を受けた学会での発表

DATA

沿革

1875年　東京女子師範学校開校
1876年　附属幼稚園を開園
1878年　附属小学校を開校
1882年　附属高等女学校を設置
1923年　関東大震災のため、校舎焼失
1932年　大学と附属幼稚園が現在地の新校舎に移転
1947年　附属中学校を開校
1949年　国立学校設置法により、お茶の水女子大学が新設され、東京女子高等師範学校は同大学に包括
1952年　東京女子高等師範学校が廃止され附属高等学校・中学校・小学校・幼稚園は、お茶の水女子大学文教育学部附属となる
1980年　附属高・中・小・幼は、文教育学部附属から大学附属となる

教育理念

・自ら人やものにかかわり、主体的に考え行動する姿勢を育てる（幼稚園）
・自主協同（小学校）
・自主・自律、広い視野（中学校）
・自主・自律、社会に有為な教養高い女子の育成（高等学校）

主な行事

【幼稚園】
遠足（親子、学年別）、誕生会、季節の行事等
【小学校】
運動会（5月）、音楽会（11月）
【中学校】
体育大会（5月）、自主研究発表会（3年／9月）、生徒祭（9月）
【高等学校】
体育祭（5月）、文化祭（9月）、ダンスコンクール（10月）

入学状況

小学校4、5、6年生と中学校では、一般学級のほか帰国児童教育学級あり。

進路状況

四年制大学　現役：70.2%／既卒：29.7%　その他：現役 0.1%　※2017年3月卒実績

住所

〒112-8610 東京都文京区大塚2丁目1番1号
［幼稚園］ Tel:03-5978-5881　Fax:03-5978-5882
［小学校］ Tel:03-5978-5873　Fax:03-5978-5872
［中学校］ Tel:03-5978-5862　Fax:03-5978-5863
［高等学校］ Tel:03-5978-5855　Fax:03-5978-5858

東京学芸大学附属竹早小学校・中学校

東京学芸大学の5つの附属学校園には、それぞれはっきりとしたカラーがあり、竹早学校園では幼稚園、小学校、中学校の連携教育に特徴があるという。全国でも珍しい小中学校一体型校舎では、どんな取り組みが行われているのだろうか。

東京学芸大学附属竹早小学校・中学校正門

附属小学校彦坂秀樹副校長

〝一貫〟ではなく〝連携〟で学校園の文化を尊重した教育

東京学芸大学の附属学校はそれぞれの地区によって特色を出していこうという方針のもと運営されている。東京都文京区にある東京学芸大学附属竹早学校園もそのひとつ。文京地区にあるということで、幼・小・中の〝連携教育〟に力を入れているという。

「竹早地区を語るときには連携教育をはずすことはできません。幼・小・中それぞれの学校教育、文化を残しつつ、カリキュラムで連携をするという方式を採用しているんです」（附属小学校彦坂秀樹副校長）

竹早学校園は当初は幼小中一貫校を想定していたため、校舎も小・中学校一体型となっている。しかし、それぞれの学校がそれぞれの文化を残しつつ、各校園の文化を尊重していく方針に変わり、今日の姿になったという。

「当初は完全に一貫校にするという話もあったんですが、話し合いの末、最終的に今の形に落ち着きました。幼稚園にも小学校にも中学校にも独自の文化があるので、その文化の継承を重視し、そのうえで自主性を育む教育を目指しています」（附属中学校勝岡幸雄副校長）

連携構想そのものは昭和の頃からあったそうだ。本格的に幼・小・中が連携したカリキュラムづくりがスタートしたのは、小・中学校がつながる一体型校舎が完成した1999年からだ。

成長に合わせた〝ステージ〟と〝ステップ〟を用意する重要性

竹早学校園のカリキュラムの特徴は、幼稚園から中学校までを区切る「ステージ」という概念があることだ。

「幼稚園〜小2前期、小2後期〜小4前期、小4後期〜中1、中2〜中3と、幼稚園から中学校の成長を4つのステージに分けます。さらにそこを8つの細かい『ステップ』でつなぎ、その段階に応じたカリキュラムを作成しています」（同）

こうやってステージを細かく分けることで、子どもたちの成長と実際の教育の間にズレが生じる可能性を軽減。またカリキュラムについては、教員たちが蓄積した生徒たちのデータにもとづいて作成していくという。

「小学校5年生の生徒たちは、中学校1年生くらいの年上の先輩に憧れる傾向があります。ですから、たとえば小5の理科の点描画の授業では、中学1年生が描いた作品を見せて、児童が自ら学びとる授業をしてみるわけです。そうすると子どもたちは、それを真剣に観察し参考にするんです。こうやって生徒たちのモチベーションをあげ、やる気引き出していくのです。ここが大切なんです」（同）

また、年代間の交流にも力を入れているという。年代の差を超えて仲が良くなるという利点も生まれているそうだ。

「家庭科の授業で中学生が幼稚園の子たちに読み聞かせをしたり、美術と家庭科の教科横断的授業では、幼稚園の子たちの喜ぶようなオモチャをつくり保育を行うという課題があったりと、年代の差を超えた取り組みが行われています。授業でそういった交流があるので、みんなが分け隔てなくふれあい、切磋琢磨できるのも竹早学校園の特徴だと思います」（同）

幼小中の連携強化のために教科横断グループを設定

竹早学校園のもうひとつの特徴として、教科を横断した〝グループ分け〟がある。道徳、総合活動、特別活動などを含めた「人間グループ」、理科や算数などの「自然グループ」、体育や保健などの「健康グループ」などと、それぞれの教科をグループ分けしているのだ。

「グループをつくったのは、幼稚園に教科という概念がないからです。幼稚園を含めて連携をはかっていくには、教科横断のためにいくつかのグループに分けたほうがいいという話になり、グループ分けを行うことにしたのです」（前出の彦坂副校長）

もうひとつ特筆すべきことがある。小学校では文科省の特例校として「自己実現活動」というものをカリキュラムに取り入れている点だ。これはそれぞれのクラスで子どもたちが話し合いながらどんな活動をするかをきめるというもの。たとえば、あるクラスでは映画をつくったり、またあるクラスでは田植えから米の収穫や販売までを行ったりするというように、クラスごとにさまざまなプロジェクトを立ち上げている。そして、その発表の場のひとつとして、「竹早祭」という学園祭が活用されているという。

「中学生になるとチョッと難しいテーマに取り組みます。たとえば3年間かけてエレベーターについて調べるなど、かなり専門的な研究を行います。もちろん、その間は研究時間を毎週取って、教員と議論しながら、発表の場に向けての準備を進めていくのです。ちなみに1〜2年生は自由研究、3年生は卒業研究という名称で研究発表を行い、卒業研究に関しては『文化研究発表会』という場で展示し、後輩たちがそれを見に来ます」（前出の勝岡副校長）

こうした取り組みのベースには小学校での取り組みがある。竹早小学校では1年生から「自分のやりたいことをやる時間」を自己実現活動の一環として取っており、竹早学校園全体で「一貫して個の興味を探求する時間を確保する」という目標を掲げているのだ。このように児童生徒の個性と多様性を認める教育は、現代のダイバーシティ化に即したものといえるのではないか。

小学校での理科の授業風景

トピックス

全国でも珍しい小中学校一体化校舎

ふたつの学校がつながった校舎は、外観のデザインも特徴的

小学校と中学校で一体化した校舎も、竹早学校園の特徴のひとつ。完全に同一校舎で小・中学生が授業を受けるというのは珍しい。

「小学校の教室はオープンスペースになっており、壁を移動して教室を区切っています。中学校からは普通のクラスごとの教室になりますが、すべての教科に教科教室があり、基本的に授業はすべてそこで受けるようになっています」(前出の勝岡副校長)

小・中で共有して使う、図書室にあたる「メディアセンター」のような施設もある。共有施設を設けることによって、小・中の交流を盛んにしようということなのだ。小中学校一体校舎では、職員室も隣接して校舎の真ん中にあり、学年が変わってもアクセスしやすいようになっているという。園舎は別だが幼稚園もこの連携には含まれ、4歳児から中学校3年生までの11年間の子どもの成長を幼・小・中の全教員で見守る。そのほか、竹早学校園では縦割り形式での活動で、生徒児童たちの交流をはかる試みも積極的に行っている。

「小学校に入ると1〜6年の全児童を縦割り班に分け、毎日の清掃もこの班で行っています。また全校遠足や毎年行われる3年生以上が合同で参加する夏の日光移動教室では、毎日の掃除も縦割り班で実施し3泊寝食を共にします。他学年との交流が活発になれば、中学生になったときにも行事や部活などに良い影響が出るのではないかと思っています」(前出の彦坂副校長)

日光移動教室は、春に4年、秋に5年、冬に6年がそれぞれ単独でも2泊する。卒業するまでに日光の四季それぞれの自然のなかで、なんと18泊もするのだ。

さらにユニークなところは、小学校ではいわゆる成績表を廃止し、自己評価制度を採用していることだ。学期の自分の活動の総括を自分で出す形式となっている。

「学校の主役は子どもたちという考えから、やったことを振り返る評価活動も子どもたちにやってもらっています。子どもたちが自主的に成長を遂げていくには、自分を評価していくことが大切だと思うのです」(同)

もちろん、高校受験を見据える中学校では、内申制を取り入れた成績評価制度を採用している。教育理念は一貫しながらも、それぞれの学校で必要な違いは尊重する。そういった連携のあり方が竹早学校園の魅力といえるだろう。

From OG・OB

竹早で11年間をすごし教員の道を進まんとする

幼稚園から中学校までを東京学芸大学附属竹早学校園ですごしたという、東京学芸大学1年の遠藤清将さん。学校生活のなかでは、さまざまな行事が印象に残っているという。

「小中学校のどちらも行事がとても盛んで、自分も含めて生徒たちが主体的かつ積極的に取り組み、労力と時間と熱意をつぎ込んでいました。日頃から実践形式の授業で学んでいたことが、行事の企画や運営に大いに生かされていたと思います。たとえば『竹早祭』という文化祭では、小学生からは各クラスが一からつくり上げた出し物を発表するのです。私は6年生のときに1年間かけて生徒だけで演劇の台本、演出をすべて手掛けました。忘れられない思い出のひとつになっています。それから中学校での合唱コンクールも思い出深いです。思春期だったので、みんな人前で歌うことが恥ずかしい年代だったと思いますが、最終的に一生懸命に歌ったことで、クラスで一体感を覚えることができましたし、あの頃のもどかしく息苦しいような気持ちを払拭できたように思います」と遠藤さんは話す。

東京学芸大学といえば、創設時から教員を育成することを目的とする大学だが、そこで学ぶ遠藤さんも現在、教員を目指しているという。

「小学校では多くの間違いをとがめることなく、より良いほうに導いてくれる先生方、中学校では自分の熱意が人を傷つけることのないように見守り、ときに叱ってくれた先生方と出会えました。私自身、そういった先生方のおかげで今の自分があると思っているので、そんな先生方を目標として勉強に励んでいます」

日本の教育研究の礎を築いた東京学芸大学の附属学校園。そこからは次代の教育を担う人材たちがつぎつぎと生まれているようだ。

中学校の応援団にて。当日は発熱という体調不良を押しての参加だった

DATA

●沿革

【小学校】

1900年　東京府女子師範学校附属小学校開校
1947年　東京第一師範女子部附属小学校へ改称
1951年　東京学芸大学学芸学部附属竹早小学校へ改称
2004年　東京学芸大学附属竹早小学校と改称

【中学校】

1947年　東京第一師範学校女子部附属中学校、東京第二師範学校女子部附属中学校創設
1951年　東京学芸大学学芸学部附属竹早中学校および東京学芸大学附属追分中学校と改称
1954年　東京学芸大学学芸学部附属竹早中学校ならびに東京学芸大学学芸学部附属追分中学校を廃し、東京学芸大学附属「新設」中学校を設置
2004年　東京学芸大学附属竹早中学校と改称

●教育目標

【小学校】「自ら学び、ともに手をとり合い、生活を切り拓く子」の育成　【中学校】自ら求め、考え、表現し、実践できる生徒を育てる。他人の立場や意思を尊重できる、視野の広い生徒を育てる。心身ともに明るくたくましい生徒を育てる。

●主な行事

【小学校】日光移動教室、キッズフェスティバル、竹の子祭、竹早祭【中学校】校外学習、運動会、文化研究発表会（中学校）・公開研究会（幼稚園・小学校・中学校）

●著名な卒業生

・高山智司（政治家）・イシカワカズ（音楽プロデューサー）・池田裕久（弁護士）

●住所

〒112-0002 東京都文京区小石川 4-2-1
TEL:03-3816-8943～8944（小学校）
FAX:03-3816-8945（小学校）
TEL:03-3816-8601（中学校）
FAX:03-3816-8605（中学校）

東京学芸大学附属国際中等教育学校

複数存在する東京学芸大学附属学校園のうち、練馬区大泉にある国際中等教育学校は、帰国生の受け入れとグローバル教育を特色としている。生徒の4割を帰国生が占める環境ならではのカリキュラムを紹介しよう。

東京学芸大学附属国際中等教育学校のメインエントランス

佐藤正光学校長

帰国生が生徒の4割を占め 放課後は日本語学習支援実施

東京学芸大学附属国際中等教育学校は、東京学芸大学附属大泉中学校と、同附属高等学校大泉校舎が統合再編し、2007年に誕生した比較的新しい附属校だ。前身となった2校とも、開校時から帰国子女教育研究の拠点であり、そのカラーを引き継いで、その名の通り「国際」色の強い校風が特色となっている。

「本校生徒の4割が帰国生で、外国籍の生徒もいます。1年生の9月から6年生の4月まで、4月と9月に帰国生を受け入れています。1年生の入学時の4月には105名程度でスタートし、卒業時には135名程度になります」（附属国際中等教育学校藤野智子副校長）

入学以前までほとんど日本の学校に通ったことのない生徒もいるため、Japanese as a Second Language（JSL）と呼ばれる放課後の日本語学習支援も行われている。また、在学中に留学を経験する生徒も多い。4年生（高校1年）の夏から5年生（同2年）の夏にかけて毎年15人ほどが留学するという。5年生から6年生にかけては、多ければ5人、少なくても1～2人留学するため、一学年で15～20人程度が長期留学を経験することになる。

「条件をクリアすれば最大31単位まで認められる留学制度により、学年を落とさずに卒業できます。留学先の国はアメリカ、アイルランド、イギリス、スイス、フランス、ブラジルなどさまざまです」（同）

国際バカロレアにもとづいた先進的な授業を全員が受講

　同校のカリキュラムでもっとも特徴的なのは、国際バカロレア(International Baccalaureate、以下IB)認定校として、IBをベースにした授業が複数設けられていることだ。IBは「全人教育」を掲げ、1960年代にスイス・ジュネーブで設立された非営利団体が運営している。東京学芸大学附属国際中等教育学校が掲げる「育てたい生徒像」にも、IBの理念が色濃く反映されている。

「IBの理念は多様な文化の理解と尊重の精神を通じて、より平和な世界を築き、探究心、知識、思いやりに富んだ若者の育成を目的としています。本校では、1年生から4年生までの過程で全員がIBのミドル・イヤーズ・プログラム(以下、MYP)に取り組みます。高校に当たる後期課程の5年からは、1学年で15名程度がディプロマ・プログラム(以下、DP)を日本語と英語で学習します。ここでは、学習指導要領に則った学習内容を実社会と結びつけて探究的に学びます。概念的思考を促す単元設計と、厳密な評価方法にもとづいた授業が展開されています」(同校杉本紀子先生)

生徒たち自身がGoogleのプログラマーを招聘する

　このIBのプログラムをベースに、スーパーサイエンスハイスクール(以下、SSH)およびスーパーグローバルハイスクール(以下、SGH)の取り組みも行われている。どちらもチームで生徒たちが自由に独自研究に取り組み、論文やポスターの形にして取りまとめていく学習だ。生徒たちの自主性と自分たちの手で課題解決をはかっていくのが特徴。

「SGHの目標のひとつには、『外部連携』があります。たとえばプログラミング教育のチームでは、子ども向けプログラミング学習ツール『Scratch』を使って、同世代や年下の世代に向けたワークショップを行っていますが、そのために外部のNGOや企業の方とつながり、生徒たちが自分でメンターを探してくることもあります。さまざまな地域から通学してくる本校の生徒にとって地域との結びつきは弱くなりがちなのですが、外とつながる窓口はいろんなところにあり、それをどう生かすかを自分たちで考えてもらっています」(同校杉本紀子先生)

　SGHもSSHも、成果物を学内コンテストに提出し、そこで評価されるという。

「課題研究を推進するための仕組みとして、ISSチャレンジという校内課題研究コンテストを実施しています。1年生～6年生まで全学年が参加可能で、SGH、SSHいずれもエントリーできます。1年間かけて実施した課題研究をポスターや論文にし、競い合います。当然、テーマ設定、研究計画、研究実施、論文作成、評価などの過程において、IBの手法を取り入れています。昨年はSGHに約50チーム、SSHに約60チームがエントリーし、それぞれ上位4チームをファイナリストとして表彰しました」(同校鮫島朋美先生)

　こうした課題研究は、その後の大学進学にも大きな影響を与えている。研究成果そのものを成果物として受験時に提出することもできるし、ここでチャレンジしたテーマをそのまま大学での専攻に生かす生徒もいるという。こうした活動から、生徒に身につけてほしい考え方のひとつとして、「社会貢献」があるという。

「本校で取り組んだ課題研究やIBの考え方にもとづいた学びを通して身につけた力を大学に進学した後も社会の役に立つ、あるいは社会を多少なりとも動かすような力のある研究や行動につなげてもらいたいと考えています。IBの理念に『より平和で豊かな社会を構築する若者の育成』があるように、そうした志を持つ人が、本校から育っていくように、というのが願いです」(同校後藤貴裕副校長)

開放的な雰囲気のなか生徒たちは明るく育つ

トピックス

総合学習から誕生した高校生企業の東北復興支援

　社会科の古家正暢先生が担当する「国際Ｖ」（総合学習）から生まれた高校生企業「おだづもっこ」は、今年度で3年目を迎える。「東日本大震災で大きな被害を受けた被災地に、遠く離れた東京で生活する高校生に何ができるのか」という議論を重ねた結果、「被災地の忘却に抗うための社会的企業を立ち上げよう」ということに。さっそくＪＰＸ（日本取引所グループ）が開催する「起業体験プログラム２０１５」に参加。資本金獲得のための事業計画プレゼンテーションや被災地支援のための販売物品の選定といった活動をはじめたそうだ。

　古屋先生は「ＪＰＸさんに協力いただくことになったのは自分の接点によるものですが、その後は、生徒自身が外部の方々に働きかけて折衝をし、みずから営業をして切り拓いていきました。地元の練馬祭りや東京学芸大学の学園祭などで、三陸海岸のほたてやさんまを焼いて販売し、資金を獲得していきました。その際に『飲料も同時にあったほうがいいのでは』ということで、キリンさんに協賛をいただいたのですが、本社へ営業にうかがったのも生徒たちです。そうした活動を経て、２０１５年度には事業目的であった『明日の力コンサート＠ＴＯＫＹＯ』を開催することができました」と。

　そしてついに、２０１６年１月9日には、「おだづもっこ」の最終目標であった「明日の力コンサート＠ＴＯＫＹＯ」を、宮城県立石巻高校・吹奏楽部を招いて川崎市高津市民会館ホールにて開くことができたのだ。このコンサートも、大成功だったとか。

「今年のおだづもっこは、アメリカ留学から帰ってきた生徒の提案で、留学生団体ＡＦＳと協力して、他校の留学経験者とともに練馬祭りでほたてを焼いて売る企画をしています。毎年、横浜南市場『愛と勇気とさんま実行委員会』の方々にはご協力いただき、私自身も、非常に楽しんでやらせてもらっています」（同）

　ちなみに「おだづもっこ」とは、仙台弁で「お調子者」の意味を持つ。「高校生の身でありながら、社会的企業を興し、被災地支援を行うというのは相当に"お調子者"でないとできないだろう」という考えにもとづいたネーミングだそうだ。

よく脂ののったさんまは大人気

麻布十番祭りにも出店

練馬祭りに出店したおだづもっこ

「明日の力コンサート」開演前の一幕

From OG・OB

後期課程での研究経験でユニクロ柳井氏の奨学金を獲得

２０１６年３月に同校を卒業し、今年９月からノースウェスタン大学への進学がきまっている鈴木出帆さんは、同校を選んだ理由をこう語る。

「生まれてすぐに、親の仕事の都合で中国へ行き、その後も台湾やアメリカなどを転々として、中学３年生で日本に戻ってきました。最初は公立中学に入学して、友だちもできて楽しかったのですが、どうしても授業のシステムに馴染めなくて悩んでいました。そのときに、高校受験を見据えて通っていた塾の先生から、『帰国子女が多いから慣れやすいんじゃないか』ということで学芸大学附属国際中等教育学校をすすめられたんです。自由な学校だと聞いて見学に行き『ここがいい！』とすぐにきめました」

前期課程３年生（中学３年）の９月に無事編入試験に合格し入学、クラスメイトから「あれっ、編入生だよね」と聞かれるほど、数日ですぐに馴染んだという。

「机に向かって何かを覚えるという勉強よりも、レポートを書いたり調べ物をするのが好きで、課題に熱心に取り組みました。英語で授業が行われるイマージョン・プログラムで受講していた物理では生物情報学に取り組み、ＭＥＲＳ（中東呼吸器症候群）ウイルスの進化解析を行って論文を提出しました。現在、ジャーナル（論文誌）で査読を受けています。授業の延長から課外活動になったパターンですね」

進学先をきめるのにも、こうした特徴的な授業での経験が生きた。

「情報科学を専攻したいと考えていたんですが、ＭＥＲＳの進化解析から生物情報学への興味も強くなったので、アメリカの大学に進学しよう、ときめました。学費を含めて年間７００万円ほどかかりますが、柳井財団の奨学金でまかなえることになりました」

学生生活は楽しかったか、という質問に対し、鈴木さんは明確に「仲間がいるのが楽しかった」と応えてくれた。

「外見は日本人でも中身は外国人、というような状態の自分を理解してくれたし、同じような人たちが周りにいるのはすごく居心地がよかったです。両親も『この学校を選んでよかったね』といっています。実は、弟も同じ学校に通っているんですよ。それくらい、家族揃ってこの学校が気に入っています」

附属国際中等教育学校の国際色豊かな文化に、鈴木さんはすぐ馴染んだという

DATA

● 沿革

2007年　東京学芸大学附属大泉中学校と附属高等学校大泉校舎を統合・再編し、開校
2010年　国際バカロレア中等教育プログラム（MYP）校として認定される。文科省より教育課程特例校に指定される
2011年　ユネスコスクール加盟校となる
2014年　スーパーサイエンスハイスクール（SSH）指定校となる
2015年　スーパーグローバルハイスクール（SGH）指定校となる。国際バカロレア・デュアルランゲージ・ディプロマプログラム（DLDP）校として認定される

● 教育理念

(1) グローバルな視野の育成　(2) 多文化共生の教育　(3) 多様性と共通の価値・ルールの確立　(4) 社会参加を通した市民性の育成　(5) 基本的な知識・技能の習得と特色ある中等教育カリキュラムの開発

● 主な行事

・スポーツフェスティバル（6月）・スクールフェスティバル（9月）・海外ワークキャンプ（5年生／11月）・沖縄ワークキャンプ（3年生／11月）・サイエンスフィールドワーク（4年生／11月、5年生／1月）・マラソン大会（11月）

● 入学状況

第1学年（4月）に通常の生徒募集をおこなっているほか、第1学年9月～第6学年4月まで、4月と9月に編入学生徒の募集をおこなっている。

● 進路状況

大学進学者：98%　その他（就職・専門学校等進学）：2%

● 住所

〒178-0063 東京都練馬区東大泉五丁目22番1号
TEL：03-5905-1326 FAX：03-5905-0317

東京藝術大学音楽学部附属音楽高等学校

日本の芸術教育の頂点ともいえる東京藝術大学は、音楽専門の附属学校を有している。それが東京藝術大学音楽学部附属音楽高等学校だ。この国立高等学校で唯一の芸術学校では、1学年40人という小規模単位で音楽の早期教育を実践しているという。

国立西洋美術館にもほど近い、台東区上野の歴史と文化漂う地域に立つ
東京藝術大学音楽学部附属音楽高校の校舎

塚原康子校長

1学年40人の少人数で学ぶ国立の芸術学校

東京藝術大学音楽学部附属音楽高等学校は、音楽専門科目の早期教育を行うことを主眼とし、1954年に設立された国立高等学校で唯一の芸術学校だ。その専門性の高さから、1学年の定員が40名と小規模な学校となっている。

カリキュラムには普通科目に加えて、「音楽理論」や「ソルフェージュ」といった講義科目、「レッスン」「声楽」「合唱」「合奏」などの実技科目が含まれているのが特色。そして通年行事として、定期的にコンサートや演奏会が多く行われているのも同校の特徴だ。

「毎年秋には全校生徒が参加する定期演奏会を開催しています。オーケストラや合唱の成果を発表する場となっています。また、生徒たち主体のアカンサスコンサートが年に4回、開催されています。メンバーも楽曲のプログラムも生徒たち自身で選び、毎回、多くの参加希望者がいる」（附属音楽高等学校上野善弘副校長）とのこと。

そのほか、2年生になると演奏研修旅行というイベントも。大学を含めた他校や地域の楽団と交流しながら演奏をしてまわるのだ。

さらに2016年には同校がスーパーグローバルハイスクール（以下、SGH）に指定されたことを機に、17年にはロンドンでの演奏会や現地の音楽学校の生徒との交流を含んだプログラムを計画しているという。

音楽の力で世界を魅了するグローバル教育を掲げる

もちろん、以前から同校では海

外での演奏会にも力を入れてきた。08年にはパリのユネスコ本部で平和祈念公演、10年と12年には中国の中央音楽学院と上海音楽学院とで交流演奏会を催すなど、音楽を通してさまざまな国際交流を行ってきた。こうした実績もあり、SGHに指定された同校では現在、「〝音楽の力〟で世界を魅了する先導的グローバルアーティスト育成プロジェクト」を掲げている。そして「距離」「言葉」「環境」「限界」という4つの障壁を克服し、世界最高水準の音楽創造を実現するという課題研究を設けている。

また、授業に関してはつぎの3つの柱を掲げている。ひとつ目の柱は、海外の一流音楽家を講師に招き、レッスンやワークショップを開催する「グローバルプラクティス」。16年にはイザイ弦楽四重奏団のチェリストであるフランソワ・サルク氏の特別公開講座を聴講するなどの活動を行った。

ふたつ目の柱は「グローバルコミュニケーション」。英語が得意な生徒には、東京藝術大学の言語音声トレーニングセンターでよりハイレベルな授業を受けてもらうなど、外国語教育や海外舞台派遣プログラムを中心とした教育を実施している。来年以降はドイツ語やフランス語も習得できるような講座を設ける計画もあるそうだ。

そして最後が「グローバルキャリア」。音楽にかぎらず世界の第一線で活躍する人物に講演してもらい、生徒により広い視野を持ってもらうことを目的としている。これまでにNHK交響楽団のチェロ首席奏者である藤森亮一氏や元日本アップル社社長の武内重親氏らを招いて、講演を催したという

こうした取り組みの一方、東京藝術大学との高大連携教育にも力を入れている。専攻のレッスンでは生徒たちは同大を訪ね、教授や准教授、講師らによる専門的な指導を受ける。同校の生徒の約9割は同大音楽学部に進学する。7年間を通して同一の先生に師事することもあるそうだ。内部推薦はないが、普通科目ではセンター試験に向けて国語や英語の教育に注力する一方、何よりも重要視される実技を磨き上げていくという。

充実したレッスン室で
放課後は練習に専念

まさに音楽の教育に特化した同校。各教室にはかならずグランドピアノが1台ずつ設置されている。そして30室弱の練習室やレッスン室、校内ホールといった設備があるという。そのほか、特筆すべき点としては、生徒が放課後にそれぞれの専攻楽器の個人レッスンや練習に時間を割くため、部活動や同好会が存在しないという。

「当校では音楽を通じて、同級生や先輩・後輩が通じ合っているようなイメージです。そのため、外部の方から『学校生活そのものが部活動のような雰囲気ですね』といわれたこともあります」（同校大平記子先生）

この音楽漬けの学校生活について前出の上野副校長は「学年とは関係なしに、優秀な演奏者と接したときに『あの人よりうまくなりたい』と思えるようでないとやっていけません。そして、なにより素晴らしい演奏を聞いたときに、素直に『すごい』と認めることができなければなりません。藝高としてはこれからもそういった生徒を育てていきたいと考えています」と語る。

なるほど、高校時代からプロ意識を学ばせるということか。こうしたトレーニングを受け、高校卒業後は大半が藝大へと進学する。その後は楽団や外国のオーケストラの団員となったり、音楽の教員、音楽教室を開業するなど、多くが音楽のプロになっていくという。

生徒主体の演奏会「アカンサスコンサート」の様子。校内ホールで開催されている

トピックス

親元をはなれて暮らす生徒たちを保護者たちが熱心に支援

放課後、教室で練習に励む生徒。真剣ながらも、級友同士で楽しげに取り組んでいた

東京藝術大学音楽学部附属音楽高等学校には、作曲にピアノ、バイオリンといったメジャーなものから、ファゴットやトロンボーン、箏曲や尺八、邦楽囃子などさまざまな専攻が存在する。その専門性の高さゆえに全国各地から生徒が入学してくる。そのため、高校生ながら親元をはなれて生活する生徒の数が全体の約3分の1におよぶという。

「親元をはなれてきている生徒の多くは、親戚の家に下宿していたり、学生会館で生活しています。音楽をやっている学生に特化したマンションや学生会館があるので、そういったところを活用しているようです。親御さんが一緒に上京してきて、ふたりで暮らしているケースもある」と前出の大平先生は話す。

音楽を学ぶという特殊な学生生活ゆえに、さまざまな面において保護者のバックアップは欠かせない。

「遠くから親御さんが、頻繁に東京まで足を運んでいるという印象があります。そのため、保護者会などは定期演奏会や毎年6月に行われる3年生の公開実技試験の日程に合わせて実施しています。保護者の組織である『響和会』では、保護者の方が主導して『藝高Acanthus』という会報を制作していますし、卒業生の保護者らによる『響親会』という組織もアクティブに活動してくれています。高校を卒業してからの演奏活動を支援してくれる響親会のような組織は、ほかにはないでしょう」と、同校の髙野慎太郎先生は自慢する。

ちなみに、響親会は当時の副校長、清野澄夫氏の提案で1980年に発足したという。以来、卒業生たちが音楽活動をつづけていくための支援を目指し、アクティブに活動している。世界レベルの音楽家を輩出しつづける背景には、こうした卒業後のフォローも必要なのだ。

校内には完全防音のレッスン室がいくつも並んでいる

From OG・OB

腕試しのつもりの受験からプロの音楽家の道を選んだ

現在、東京藝術大学ジュニアアカデミーの校長と上野学園大学非常勤講師を務める、東京藝術大学名誉教授の植田克己氏は、昭和43年に東京藝術大学附属音楽高校を卒業した。ピアノ専攻で入学し、その後プロの道に進んだが、実は高校入学時は「プロの演奏家になりたい」という気持ちを強く抱いていたわけではないという。

「中学1年生のときに当時のピアノの先生から、藝大附属音楽高校の存在を教えてもらいました。それで試しに受験してみたら、合格したのです。もちろんピアノは好きでしたが、プロを目指すほどの気持ちが固まっていたわけではありませんでした。ですので、高校に入ってから、同級生たちのほとんどが音楽家を志して入学してきているのを実感し、『気持ちの強さが違う』とカルチャーショックを受けました」と振り返る。

植田氏は北海道・札幌市の出身。高校に通うために上京し、まかないつきの下宿で暮らしていたという。同級生との意識の違いやレベルの差に思い悩みながら練習と勉強に励み、卒業後は藝大に進学。遅まきながら、それからプロの音楽家になるという決意を固めたそうだ。

「附属音楽学校の同級生たちは皆音楽という目標を持って全国から集ってきているので、音楽の話をしたり、違う楽器の友人の伴奏をしたりと、和気藹々《あいあい》とやっていました」

当時の友人たちとは、今も演奏家仲間として深く交流しているという。

「少人数ゆえに、専門性の高い教育を受けられたのもよかったです。フルートやヴァイオリンの先生のクラスに伴奏で参加したときは、ピアノの先生とはまた異なる音楽観を学びました。附属高校で受けた教育は、大学でも当然生かされましたし、その後留学したドイツでも、素晴らしい環境で勉強できていたのだとあらためて思い起こされました。ここで学んだことがたしかなものだったことを、年を重ね、場所を変えるほどに実感しています」

「附属音楽高校に入学していなければ、音楽家の道には進んでいなかったと思います」と話す植田氏。あらためて附属音楽高校での3年間は、人生の生き方をきめた貴重な3年間だったと振り返っている。

東京芸術大学名誉教授の植田克己氏

DATA

●沿革

- 1954年　「国立学校設置法施行令」により、東京藝術大学音楽学部の附属音楽高等学校として設置
- 1989年　第1回定期演奏会を実施
- 1995年　新校舎を竣工し、御茶ノ水校舎より上野高地へと移転
- 1999年　箏曲専攻を新設。翌年より尺八・長唄三味線といった邦楽器の専攻が順次新設される
- 2007年　ユネスコ平和祈念公演をパリにて実施
- 2015年　ユーフォニアム、チューバ専攻の募集が開始される
- 2016年　スーパーグローバルハイスクール（SGH）指定校となる

●教育理念

(1) 音楽における専門実技の早期教育
(2) 高い教養と魅力的な人間性の涵養

●主な行事

・校外合宿（4月）
・アカンサスコンサート（年4回／5月・7月・10月・12月）
・前期専攻実技試験／3年生は公開実技試験（6月）
・文化・体育の秋の祭典（9月）
・演奏研修旅行（2年生／同）
・定期演奏会（10月）
・室内楽コンサート（3月）

●入学状況

入学選抜では、それぞれの志望専攻別の楽器での実技試験が2回行われる。課題曲は前年の9月中旬に発表される。実技試験の後、聴音や楽典、副科となる楽器の試験を実施。最後に、一般教科による学力試験と面接が行われる。

●進路状況

大学進学者：ほぼ100%
その他（就職・専門学校等進学）：ほぼ0%

●住所

〒110-8714 東京都台東区上野公園12-8
TEL：050-5525-2406 FAX：03-5685-7803

上越教育大学附属小学校・中学校

上越教育大学附属小学校では、広い敷地や自然に囲まれた立地を生かし、アルパカやヤギ、ポニーなど多くの動物を育てる体験重視の授業を行っている。一方、中学校では最先端のＩＣＴ教育を実践しているという。こうした取り組みを通じて、どんな生徒が育っているのだろうか。

新潟県上越市の高田公園内に立つ、上越大学附属中学校校舎

附属小学校青木弘明教頭

担任教諭の持ち味を生かす 1～6年間の「創造活動」

上越教育大学附属小学校・中学校は、1902年に開校した新潟県高田師範学校附属小学校を前身とし、2004年に現在の校名となった。小学校の児童数は、1クラス35人弱の2クラス編成。2014年から文部科学大臣による研究開発学校の指定にともない、教育課程開発研究を行っており、独自の教育課程を編成している。

この附属小学校は「創造活動」「実践道徳」「実践教科活動」「集団活動」の4つを軸に教育活動を実施。1～6年生まで通して行なわれる「創造活動」では、低学年は校地内で羊、ヤギ、ポニーといった動物を飼育したり、中学年では里山でのフィールドワークを年間20回近く行なったりする。高学年になると映画を制作したりと多岐にわたる活動にチャレンジする。さらにこの活動内容は学年単位ではなく、クラスごとに異なっているという。

「クラスの差をできるだけなくそうと考えるのが公立学校なのですが、担任の先生にも持ち味というものがあります。算数が専門の人もいれば国語が専門の人もいますし、今までの経験値だって違います。私たちはそういった持ち味を生かして、各クラスで内容が異なる活動をしているのです。内容としても、いたずらに何かおもしろいことをしようというわけではなく、低学年であれば、大型動物を介して友だちとのかかわりを学んでいくというように、学年ごとに狙いや目標を設定しています。そして、そのうえで最終的な活動は教

師や子どもたちに委ねているのです」（附属小学校青木弘明教頭）

「特別教科 道徳」に先んじた「実践」で学ぶ「道徳」

前述の4つの軸のなかで、とくにオリジナリティが強いのが「実践道徳」だ。これは2022年度からの導入が決定している「特別の教科 道徳」とは違ったオリジナルのカリキュラム。今年の5年生が実際に行った内容をもとに、その目的を説明してもらった。

「近くの河川で活動していたときに捕獲したニシキゴイを飼育しはじめたのを機に、それを今後、どうするのかを考えることにしました。このまま自分たちで飼いつづけるのか、元の場所に戻したほうがいいのか、戻したら川の環境はどうなるのか、といったことを議論するわけです。教科書に書かれている項目をこなすのではなく、自分たちの体験から生まれた問題を取り出して、全員が本気で討論をする。それが本当の意味での道徳教育であり、そういった学習でなければ本当の意味で〝心を耕す〟ことはできないのではないかと考えています」（同）

中学校から少し離れた位置にある、附属小学校。
校内でアルパカを飼育していたことも

文科省研究開発指定を受けた「グローバル人材育成科」

こうした創造活動の影響からか、「附属小学校の子どもたちにはおおらかな雰囲気がある」と話すのは、附属中学校の牧井 創教頭。同中学校は外部から入学してきた生徒を加え、各組40人の3クラス編成となっており、「総合学習」が全国の学校で開始される以前から同様の教育活動を行ってきた。

そういったことが評価され、文科省研究開発指定を受け（15〜18年度）、昨年からは「グローバル人材育成科」をはじめた。「グローバル人材育成というと、英語を使って外国の方とかかわるのかといったイメージを想起すると思いますが、けっしてそれだけを目標にしているわけではないんです」と同中学校の大崎 貢教諭は話す。もちろん英語を用いた授業もあるのだが、このプログラムの趣旨は「持続可能な社会を創造し、自己を確立できる生徒の育成」を目指すというものだ。

「『高度情報社会』や『成熟社会』など、めざましく変わっていく社会のなかで、これからの子どもたちが生きていくために必要な資質や能力を育んでいくというのが『グローバル人材育成』の目標です」（前出の牧井教頭）と。

そこでOECD（経済協力開発機構）や日本ユネスコ国内委員会の研究報告書などを読み解きながら、〝6つのアビリティ〟を設定した。それは「情報統合力」「代替思考力」「企画創造力」「主体的実践力」「コミュニケーション力」「コラボレーション力」の6つ。そして、各アビリティ育成の素地となる技能や能力などを「スキル」と呼称し、基礎を学ぶ「トレーニング」と、学んだスキルを活用して課題解決を行う「コンテンツ」の2軸で向上させていくというのが大きな流れになっている。また、3年間のシラバスを10のステージに区切り、それぞれにテーマと育成を目指すアビリティを設定し、学習活動を構成しているという。たとえば3年生では、文化祭で実施する企画を自分たちで立ち上げ、各企画担当がコンペ形式でプレゼンを行うという、企業さながらの活動を実施している。

同校のグローバル人材育成のカリキュラムには、移り変わりの激しい現代社会において必要な能力を養える要素がしっかりと含まれているようだ。

トピックス

配布プリントはすべてPDFに！ 1人1台iPadで進むICT教育

生徒たちはタブレット端末を自在に使いこなす

近年、多くの附属学校でICT教育が取り入れられているが、上越教育大学附属中学校ではかなりはやくからこれに取り組んできたという。

「Macintoshが一般に出回りはじめた頃にスタートしたので、取り組みとしては歴史的にも長いです」と前出の牧井中学校教頭は話す。

本年度からはPTAの全面的な協力により、全生徒がひとり1台のiPadを所持することが実現した。校内のどこからでもインターネット接続が可能で、生徒たちはシンキングツールをはじめとしたさまざまなアプリを活用しながら、課題に取り組んでいる。また、タブレット端末のOSを統一することで、授業をスムーズに行えるようになってきたという。

「たとえば、実験の結果を各班の代表者が黒板に書きに行く場面では、黒板の前が混みあってすぐに書けない、他班の結果がわかるまでに時間がかかるといったことがありました。ところがiPadを通してリアルタイムに実験結果をモニターに映し出すことができるようになり、他班の結果をすぐに見たり、もし自分たちの結果が他班と違っていたら、もう一度試したりすることができるようになりました。また教材だけでなく、これまで配布していたプリント類もすべてPDFで端末に配信することができるので、紙とは違って簡単にレイアウトができたり、ページ数を増やしたりすることも可能になりました」（前出の大崎貢先生）

附属小学校でも、高学年の児童は大学から提供されたiPadをひとり1台所持している。

「自分たちの記録を蓄積したり、まとめたりするために使用することが多いです。たんなるネット検索よりもワンランク上のものを、小学校でも展開できると考えています。ちなみに、去年よりも今年のほうが破損率が高いのですが、これは児童がふざけながら使っているからではなく、それだけ活用しているということの証だと思います」（前出の青木小学校教頭）

From OG・OB

動物に囲まれてすごした経験から産業動物の獣医という夢を抱く

現在、帯広畜産大学畜産学部共同獣医学課程に通う青木みのりさんが、産業動物の獣医師を目指したのは上越教育大学附属小学校での経験によるところが大きいという。先述した通り、「創造活動」のなかでは多くの児童が動物の飼育を経験する。青木さんは小学校1年生でヤギ2匹とウサギ7羽、2年生でポニーを育て、5年生のときには豚2頭を飼って出荷し、食べるところまで体験した。

「家でペットを飼育していなかった私が動物を大好きになり、生き物や食、命について考えるようになったのは間違いなく小学校の頃の体験があったからです。中学校に進み、将来何をしたいのかを考えたとき、真っ先に思い浮かんだのが『獣医師』でした。その後、実際に牛の獣医師として活躍されている方との出会いもあり、中学生から夢は獣医師になりました。私たちは動物の命をいただきながら生きています。だからこそ動物の健康を守ることは、人間の健康を守ることにもつながると思っています。そんな職業にとても魅力を感じていますし、その夢を持たせてくれた原点が附属小学校でした」

ところで、どうして産業動物の獣医師になろうと思ったのか、と聞くと、それは附属小で豚を飼っていたからだという。「豚2頭を育てて出荷し、食べるという経験は心に残っている」という。実はこの授業、かつてメディアで紹介されたのをきっかけに、ネット上で「子どもにそんなむごい経験をさせるなんて」と批判された経緯がある。

だが青木さんは小学生だった当時から、その本当の意味をきちんと捉えていたという。

「『命果』と『空』と名づけた食用の豚2頭を飼育したのは、産業動物について考えることになった一番最初の機会でした。半年間かわいがって育てた豚を食べるのはたしかにとても辛い経験でしたが、自分が生きるためにほかの動物の命をいただいているのだという事実を実感しました」

附属で学んだことを胸に、夢に向かって邁進しつづけている。

小学校時代、青木さんはクラスでヤギの飼育に取り組んだ

DATA

●沿革

1902年	新潟高田師範学校附属小学校設立
1947年	小学校高等科が、新潟第二師範学校附属中学校となる
1949年	新潟大学第二師範学校附属小学校・中学校となる
1952年	新潟大学教育学部附属小学校・中学校となる
1981年	上越教育大学学校教育学部附属小学校・中学校となる
2004年	上越教育大学附属小学校・中学校となる

●教育目標

［小学校］
「いきいきとした子ども」
［中学校］
「民主社会の発展に寄与する人間性豊かな、たくましい生徒を育成する」

●主な行事

［小学校］・ポプラ祭
［中学校］・桜城文化祭 ・妙高キャンプ

●住所

［小学校］
〒943-0834 新潟県上越市西城町1-7-1
TEL:025-523-3610
FAX:025-523-5098

［中学校］
〒943-0835 新潟県上越市本城町6-2
TEL:025-523-5313
FAX:025-523-3594

静岡大学教育学部附属浜松中学校

工業都市として知られる静岡県浜松市にある静岡大学教育学部附属浜松中学校では、「総合的な学習」を「ライフタイム」と呼び、地元の事業所やNPOなどと交流し、地域のニーズや諸問題を教材として課題解決にチャレンジしている。そのなかで、生徒たちは自己の生き方・あり方について考えていくのだという。

静岡大学教育学部附属浜松中学校正門

石田隆先生

田中誉也先生

「生徒議会」「学級運営委員会」で養う生徒たちの自主性と自治の空気

「質素、清潔、品位を体現する学校の創造」を掲げる静岡大学教育学部附属浜松中学校の生徒たちは「より高きを目指せ」「常に崇高であれ」を合言葉に学生生活を送っている。

「当校には子どもたちが学校を自主的に運営するという校風があります。たとえば生徒総会や生徒が主体になる『生徒議会』や『学級運営委員会』などがそうです。学級のこと、学年のこと、学校全体のことを子どもたち自身が話し合ってきめています。そうすることで、生徒たちは自分で目標を見つけ、そこに到達するためには今どんなことをするべきかを考え、行動をはかるようになるのです。つまり、考え行動するプロセスを経験しながら学んでいくのです」（附属浜松中学校石田隆先生）

ちなみに、学級運営委員会とはクラスごとに定期的に開催される議論の場であり、そこでは行事や普段の生活のなかで見出した課題の改善案などが議論されるという。

地元・浜松で活躍する人々に学び地域への働きかけを行う

この「自分たちで課題を見出し、探究する」という姿勢は、教科学習にも反映されている。現に同校では総合的な学習の時間を「ライフタイム」と名づけ、個人やグループで追及課題を設定し、それにもとづいた活動に取り組むことになっている。たとえば1年生では、よりひとりの市民としての資質を高め能力を育成するため、浜松市を中心とした静岡県西部地域と長野県をフィールドに探究活動をするそうだ。

「それぞれの地域で活躍する人や地域の問題解決に向けて活動している人を訪問して取材する『調査活動』を行います。2年生になるとハワイで体験学習が行われ、ここでも同様に地元で活動している人々を訪問します。こうした活動を通して、人が社会を支える仕組みや自然や文化とのかかわり方を学んでいくのです」（附属浜松中学校田中誉也先生）

3年生では、より良い社会を創るために自分にできることを実践するために浜松の事業者やNPOなどを訪問するという。

「生徒は地域のニーズや課題から自分にできそうなことを考えながら、さまざまな事業所やNPOなどを訪問し、できそうなことを探っていきます。そして生徒たちは商品のPRを考えたり、商品の共同開発を提案するのです。その過程ではアンケート調査をしたり、試作をしたりと試行錯誤をしながら、中学生ならではの具体的な提案に仕上げていきます」（前出の石田先生）

同校ではこうした取り組みを毎年、各学年で実践し、それぞれの学年が切磋琢磨しつづけている。

『より高きを目指せ』『常に崇高であれ』という合言葉の下で、1年生は2年生、2年生は3年生、3年生は卒業生の取り組みを超えようと、各学年がそれぞれ上を目指して努力しています。そうした姿は、総合的な学習の時間にかぎらず、さまざまな場面で見ることができます」（前出の田中先生）

大学工学部の講義を受け 研究者が理科の授業に来る

附属浜松中学校では、学校の外との交流も盛んに行われている。

「静岡大学の教授先生が授業に来てくれたり、生徒を引率して静岡大学浜松キャンパスを訪問し、工学部の授業を受けたりしています。生徒にとっては、どういった形で私たちの生活と科学や工学がつながっているかを理工系の専門の研究者から直接聞いたり、質問したりできる、またとない貴重な機会となっています」（同）

そのほか、英語科においても、静岡大学浜松キャンパスに通う留学生を交えての授業を行ったり、理科や家庭科で静岡文化芸術大学からゲストティーチャーを招いたりと、同校は周辺大学とさまざまな連携体制を構築している。このように大学の研究者たちから直接学ぶことができるのは、附属学校ならではの特徴であることは間違いない。

さらに附属中学校では、理数系に特化した課外活動である「トップガンプロジェクト」を行ったり、全国の中学生が科学の知識・技能を競う「科学の甲子園ジュニア」に全国大会の静岡県代表として連続して出場したりと、理数系の教育にも注力。未来の科学者を生む環境が整っているといえそうだ。

3年生のハワイ体験学習にて、現地カパラマ小学校児童と交流

たてわりで「民舞」の披露をする男子生徒たち

トピックス

体育大会の出し物にも合言葉が息づく

静岡大学教育学部附属浜松中学校で毎年9月に行われる体育大会では、全学年が縦割りで取り組む出し物がある。

「各学年3クラスを、1組が紅、2組が山吹、3組が群青と色分けして、縦割りで活動を行います。男子が披露するのは『民舞』という踊りで、女子はダンスです。3年生が中心になって曲や踊りの内容を話し合い、プランを練ったうえで1～2年生に教えながら完成させていきます。団長・ダンスリーダーが中心になり、3年生が下級生に振り付けを教え、どのような民舞やダンスを表現したいのかを伝えながら練習していきます。体育大会当日、生徒は力を出しつくします。その達成感が成長を促すのです」（前出の石田先生）

ここでもキーワードになるのはやはり「自主性」であり、生徒たちは毎年、前年度のものを超えようと努力するという。先述した総合的な学習での追及活動と同じように「より高きを目指せ」「常に崇高であれ」という合言葉が根底に流れているのだ。

生徒総会や委員会活動でも「自主性」は重んじられている。生徒たちは自分たちにとってすごしやすい学校をつくるために議論を交わし、改善案を出していくのだ。総合的な学習のような場だけでなく、学校行事にも主体的にかかわっていくことで、同校の生徒たちは「より高きを目指せ」「常に崇高であれ」という合言葉を見事に体現しているのだ。

女子たちも縦割りで、こちらはかわいくダンス

ときには幼児との交流も

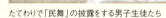

From OG・OB

いまも記憶に深く残る先生方の個性と影響

谷島屋書店代表・斉藤行雄氏

1950年（昭和25年）生まれの私は、戦後の復興から経済成長とともに、附属で少年時代をすごしました。中学2年の年に東京五輪があり、全校生徒が市役所前の沿道に陣取り、東京を目指して走る聖火ランナーの隊列を、日の丸の小旗を振り声援を送った光景は今も脳裏に焼き付いています。

齢を重ねつくづく思うのは「しあわせな少年時代をすごせたなぁ」ということです。人間味溢れる先生方と、家族のような友人たちに囲まれ、周囲に野山を残す最高の自然環境で、ノビノビと成長できたことは、附属からいただいた財産だと感謝しています。

当時、木造の小学校舎とできたての中学の鉄筋校舎の間に、雑草の生え広い運動場があり、その北側には静大教育学部の木造校舎と寄宿舎がありました。昼休みや放課後は、運動場では中学生、大学生がぶつかり合いながら球を追い、小学生はトノサマバッタ採りに夢中でした。運動会や音楽会も一緒にやったと記憶しています。たくましくも優しい大学生と身近に触れて大人への憧れを抱き、中学生は小学生を弟や妹のように可愛がり、小学生は中学生を見本として励むことができました。そこにはいじめ問題が入り込む余地はありませんでした。

先生方は受容の心をもって生徒に接してくださいました。それぞれに個性が強く、授業にもクセがありました。だから子どもたちは先生を皆、あだ名で読んでいましたし、呼ばれる先生も嬉しがっている様子でした。小学校の体育の先生は怖かったけれど絶対に子どもの味方でしたし、音楽の先生のアコーディオンは名人芸でした。アメリカ留学帰りの英語の先生は桃色のストライプのシャツや蝶ネクタイで教壇に立ち、独特の発音で皆を惹きつけました。先生と子どもの距離感はとても近く、子どもに多くの影響を残したことは疑いありません。

50年前に附属中学を卒業した私の同期は150名。今でも3年に一度は60人ほどが集まり、交歓の時をすごします。東京、大阪、京都、福岡、熊本など全国各地から浜松に参集して過ぎ去った日々を懐かしみ、卒業式歌「四方の山々」を合唱します。浜松では多くの同窓生が地元企業や自治体のリーダーとして活躍し、また家業を継いで地域社会に貢献してきました。医師が多いのも同期の特徴で20名が医療関係に従事しています。そのうち15名は当地で開業医として地域医療を支え、ほかは全国の大学病院や総合病院で研究や診療に活躍しています。附属浜松小中学校の恩師に感謝し、母校の発展を願ってやみません。

※以上は同校卒業生であり、浜松市を中心に静岡県内で24店舗を展開する谷島屋書店代表・斉藤行雄氏による寄稿です。

「谷島屋」HPより

DATA

●沿革

1916年	静岡県浜松師範学校附属小学校開校
1941年	浜松師範学校附属国民学校と改称
1943年	静岡第二師範学校附属国民学校と改称
1947年	静岡第二師範学校附属中学校設置
1949年	静岡大学静岡大に師範学校附属中学校と改称
1951年	静岡大学教育学部附属浜松中学校と改称

●教育目標

「質素・清潔・品位」を体現する学校の創造

●主な行事

・もくせいの集い・体育大会・ハワイ体験学習（2年）

●著名な卒業生

鈴木重子（ジャズシンガー）
矢野貴章（元サッカー日本代表）

●住所

〒432-8012 静岡県浜松市中区布橋3-2-2
TEL:053-456-1331 FAX:053-457-3587

愛知教育大学附属名古屋小学校

愛知教育大学附属名古屋小学校では、隣接する幼稚園と中学校との連携を2016年から強めている。「名古屋キャンパスプロジェクト」と名づけられたこの試みにより、子どもたち同士も教員同士も、これまでになく交流が盛んになっているという。

愛知教育大学附属名古屋小学校校舎

小嶋智博先生

総合学習の実践のなかで教科を超えた教材を開発する

愛知教育大学附属名古屋小学校の歴史は、1875年までさかのぼる。教員養成附属小学校を前身とし、数回の改称を重ねて1966年に現校名となった。2014年には開校140周年を迎え、愛知教育大学附属学校のなかでももっとも歴史のある学校として知られている。

現在の名古屋市東区に移転したのは1952年のこと。児童数は1年生から6年生まで合わせて700名超。地下鉄名城線砂田橋駅から徒歩3分と好立地にあり、市バスやゆとりーとライン（ガイドウェイバス）を利用したアクセスも便利。名古屋市内にありながら、木々に囲まれたキャンパスは都会の雑踏を忘れさせる落ち着いた雰囲気で、グラウンドもかなり広い。体育館は13年に耐震工事が完了し、館内設備もリニューアルされた。

同校のユニークな取り組みとしては、まず総合学習があげられる。プロフットサルチーム「名古屋オーシャンズ」の選手を招いたフットサル体験や高齢化社会に向けた福祉体験などを実施。教科の枠を越えた自由な発想で教材を開発し、子どもたちの発達段階に合わせて伸ばしたい力を設定して実践している。

幼・小・中三校園連携による名古屋キャンパスプロジェクト

こうした独自の取り組みのなかで、特筆すべきは幼稚園・小学校・

中学校による名古屋キャンパスプロジェクトだ。

「本校の最大の特徴は立地を生かした取り組みだと思います。愛知教育大学には7つの附属学校がありますが、私たち附属名古屋小学校と附属幼稚園、附属名古屋中学校は同じ敷地内にあります。隣接した3校園が共通理解のもとで活動できること、これが大きな特徴です」（附属小学校総務小嶋智博先生）

そして、この立地条件を生かして行われているのが、名古屋キャンパスプロジェクトである。これは16年度から本格的にスタートした幼小中連携教育のプロジェクト。15年度に全体の構想が持ち上がり、それからはできることから少しずつ着手しているという。その背景には、愛知教育大学の大学改革の流れが影響している。グローバル人材の育成を目指して、小学校や中学校にできることはないかと模索するなかでたどり着いた研究活動だそうだ。

「名古屋キャンパスプロジェクトの運営組織のひとつに研究を担う『三校園研究部』と呼ばれる組織があり、幼稚園、小学校、中学校、それぞれから代表の職員が参加しています。2020年度以降にスタートする新学習指導要領を見据えて、各校園で18年度から本格的な実践を考えている段階です」（同）

この名古屋キャンパスプロジェクトのスタート以来、校内では「交流」が活発になってきたという。たとえば、委員会活動のなかで小学校の保健委員の児童がみんなの悩みを吸い上げて、中学校の先輩たちに質問するといったこともあったそうだ。そして、そうした活動内容は掲示物にするなどして各校園に張り出されるので、職員だけでなく保護者も子どもたちがどのような取り組みを行っているか把握でき、非常に好評だ。そして、こうした取り組みによって、職員同士の交流も盛んになってきているそうだ。

「プロジェクトの中心である三校園研究部の職員だけでなく、教科の担当者も顔を合わせてコミュニケーションができるようになりました。実際、月に1回程度は連携強化部会を開催しており、国語や社会など、担当の教科ごとに職員が集まって会議を行うようになりました。また、学期に1回程度、連携職員会議を開催しています。これまではそれぞれが独立した学校だという意識があったので、正直なところ職員同士の交流は盛んではありませんでした。しかし、プロジェクト発足後は、職員や児童同士の交流が盛んになり、積極的にコミュニケーションをはかるようになったのです。学校の枠を超えて気軽に意見がいい合える、気軽に顔を出せる環境に変化したと感じています」（同）

教科学習の研究においても地域をリードする存在になる

児童も教員も交流をもつことにより、これまでになかった学校運営のスタイルが進んでいる。そのうえで小学校は、学校園としての枠も超えて、地域の教育をリードする存在になろうとしている。

「指導要領の変化にともない、現場でどのように対応していくのかを模索しつづけています。たとえば、外国語の学習の総時間数は増やしていかなければならないのですが、短時間学習を増やすのか、授業を1コマ増やすのかといったことを考えなければなりません。しかし、近隣の学校関係者に聞いても、まだ多くは模索している状況です。そこで附属小学校としては、地域に先駆けて模範となるようなアイデアを出していけたらと思っています」（同）

6年生をおくる「お別れ音楽会」の様子

校内で行われる協議会の様子

トピックス

愛知教育大学の留学生が帰国児童学級で指導する

帰国児童のための言語保持活動は、さまざまな国の出身者が参加している

愛知教育大学附属名古屋小学校と中学校には、帰国児童学級がある。小学校では1982年に4〜6年生を対象に、帰国児童のために初級普通教育を目的として設けられたクラスである。

主な応募資格は「日本国籍を有する者」「本人が帰国後1年以内であり、帰国直前の海外生活が2年以上である者」「在留国での通学校が現地校及び国際学校であった者」「徒歩及び公共交通機関を用いて、1時間程度で通学することが可能な場所に保護者と居住する者」など。現在、各学年に1クラスずつ開設され、1クラスにつき10名ほどの児童が在籍している。

「英語圏や中国語圏で生活していた児童が多いです。なかには日本語よりも外国語が堪能な児童もいます。海外生活が長い子どもたちに、正しい日本語の使い方はもちろん、未学習部分の補充、日本の文化やマナー、生活習慣などを教えていくようにしています。当然、これまで身につけてきた言語の保持活動にも力を入れています」（前出の小嶋先生）

「グローバル人材の育成」が求められる昨今において、帰国児童と触れ合える環境があることは、通常学級の児童にとってもプラスになる。ただ、英語ならまだしも、中国語となると流暢に話せる教師がそう多くはない。その際に、附属学校としての強みを生かせるという。

「愛知教育大学が受け入れている中国からの留学生に協力してもらい、中国語と日本語の指導を行ってもらうなど、大学と連携した教育も行っています。こうした学習環境があるのも、附属学校の魅力でしょう。これからも可能なかぎり帰国児童の受け入れを行い、多様な価値観をもった児童を育成していきたいと思います」（同）

帰国児童学級にかぎらず、児童へのマナー指導は熱心に行われている。こちらはPTAによる通学マナー指導の一場面

From OG・OB

黒板いっぱいに算数の回答並べた 小学校から科学の道へ進む

1998年に愛知教育大学附属名古屋小学校を卒業し、現在は名古屋市科学館の学芸員を務める中島亜紗美さんは「あまり活発なほうではありませんでしたが、授業ではいつも積極的に手をあげて発言していました」と当時を振り返る。

「授業中に考えて発言し、皆に認めてもらえるのが楽しかったというのが、附属小学校の一番の印象です。教科書を使わない授業が多く、いくつも自分の考えを発表することができましたし、先生方はたくさん出た意見に対して回答を押し付けるようなことをしませんでした。意見は5本指、賛成は1本指、反対は2本指、付け足しは3本指、というようにハンドサインがきめられており、新しい意見がいえなかったとしても皆が手をあげて自分の考えを表明していた記憶があります」

附属小学校在籍時の中島さん

進路選択にも、附属小学校での経験が働いていたという。

「1~2年次の担任の先生の専門が理科で、算数パズルの問題を紹介してくれたりして、算数をおもしろく感じるきっかけを与えてくれました。さらに3年生、4年生とつづけて、算数が専門の先生が担任になりました。とくに4年生のときの先生は、算数で長期の研究授業をやるほど授業に力を入れていた方で、先生自作の問題文はいつも先生のご子息が主人公になっていて親しみやすさがありました。問題文をノートに貼りつけた後、いろいろな解法を考えてノートに書きつけていくのですが、見回っている先生から解法を黒板に書くようにいわれるのが楽しみで、自分だけの解法がないかいつも知恵を絞っていました。こうした授業によって、推察する力や想像力、論理的思考力が養われたと思います。そんな経験もあってか算数・数学が得意になり、高校では迷いなく理系を選択しました。そこから天文学の研究者を志して大学院まで進み、現在の職業にいたっています」と話す。

○や×だけで判断するのではなく、子どもたちの発想とそれぞれの考えを重視する――。これは、名古屋キャンパス内の幼小中を通して大切にしていることである。その成果もあってか、隣接する附属名古屋中学校では、本年度、「あいち科学の甲子園ジュニア2017」においてグランプリを受賞した。科学立国への基盤は、そんなところにあるのかもしれない。

現在の附属名古屋小学校でも、親子行事で天文イベントを実施
科学が身近な存在だ

DATA

●沿革

1875年	教員養成附属小学校開校
1899年	愛知県第一師範学校附属小学校へ改称
1949年	愛知学芸大学の発足により、「愛知学芸大学愛知第一師範学校附属名古屋小学校」「愛知学芸大学愛知第一師範学校附属春日井小学校」に改称
1953年	附属名古屋小学校と附属春日井小学校を統合し、愛知学芸大学附属名古屋小学校と改称
1966年	大学の改称により、愛知教育大学附属名古屋小学校へ改称

●教育目標

「健康で心の豊かな子」
「まことを求め正しいことを守る子」
「よく考え実践する子」
「人を敬い助け合う子」

●住所

〒461-0047 愛知県名古屋市東区大幸南1-126
TEL:052-722-4616 FAX:052-722-3690

京都教育大学附属桃山小学校

幼小中連携教育の先端を走る京都教育大学附属桃山小学校では、タブレット端末を利用した情報教育に力を入れている。「LINEいじめ」のようなトラブルにはどう対処すべきか、子どもたちは「情報モラル」を深く学んでいるという。

京都教育大学附属桃山小学校校舎

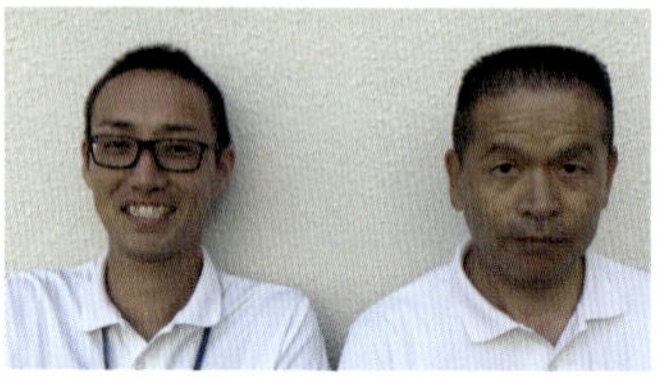

若松俊介先生（左）、兒玉裕司副校長

タブレット端末を用いた先進的な情報教育の拠点校

京都教育大学附属桃山小学校は附属幼稚園・附属桃山中学校とともに京都市伏見区で「桃山地区学校園」を構成し、3歳から15歳までの幼児・児童・生徒が交流を深めながら相互に学び合う「幼小中連携教育」を実践している。幼稚園から継続して進学する児童が8割を占めるが、小学校から入学する生徒も若干名おり、また1学年あたり4人程度の帰国子女も受け入れている。

「入学時は抽選と試験を行うため高倍率ですが、かならずしも試験の出来栄えだけで選抜しているわけではありません。『入学してくれた子を育てる』のが私たちの仕事だと思っています」（附属小学校兒玉裕司副校長）

同校の教育のなかでも特徴的なのが、パナソニック教育財団の協力、そして文部科学省から特例校指定を受けている「次世代の情報教育推進事業」だ。各授業でタブレット端末を活用した双方向型授業を行い、さらには新教科「メディア・コミュニケーション科」を設置し、情報教育の学習プログラムを開発している。この授業が行われるのは小学校1年生からで、たんに機械の操作に慣れるだけでなく、「デバイスを使いこなしてコミュニケーション力を高めていく」ことを重視しているという。

「朝の会もコミュニケーション力を高める場のひとつです。毎回ふたりがスピーチを行い、電子黒板を使いながら1年生の場合は自分の宝物の写真を撮ってきて紹介したり、高学年の場合はタブレット端末を電子黒板と連携させて自分が気になった新聞記事を紹介したりといったことをします。もちろん、その際には質疑応答もあります。その質問にも答えられるように準備をします。おかげで、本校では授業で手があがらないということがまずありません。話すことが苦手な子も、タブレット端末の助けで自信を持って話すことができるようになってきました」（同）

課題設定は子どもたちの自主性に任されていて、どういった発表形式にするかも自由であり、なかには粘土をコマ撮りしたクレイアニメーションをつくってきた児童もいるという。同校は伝統的に子どもの自主性を育てることを主眼に置いてきたが、その精神は現在の情報教育にも受け継がれているのだ。

ネットを使うための“情報モラル”教育にも注力

情報化社会が発達した現在、LINEを使ったいじめなどが取り沙汰されているが、同校ではそのあたりを見据えて「情報モラル」の教育に力を入れている。

「匿名性のある誹謗中傷、IDとパスワードを使った不正アクセスがなぜ悪いかといったことを学習するのはもちろん、インターネットで入手した情報がかならずしも正しいとはかぎらないということも教えています。そして、ひとつの情報だけで判断するのではなく、複数の情報源から結論を導き出す訓練を行い、良い意味での批判的思考力を高めていくようにしています」（同）

実際、調べ物や発表の際には先生たちから「これとこれを調べなさい」と指示されるのではなく、チャートを用いた情報整理法をもとに自力で情報を収集していくという。

「調べ方を手取り足取り具体的に教えるというよりも、どのような思考ツールがあるかを教えます。授業のなかのあちこちに『自分で考える』ための仕掛けをしているんです」（同）

幅広い交流を通じて育成する「誰からも信頼されるリーダー」

同校は全国に先駆けて、小学校での英語教育も推進している。外国人講師と担任のチーム・ティーチングで、1～4年生までは音楽やリズムを取り入れて英語を学び、5・6年生から座学の学習を取り入れている。

「本校はオーストラリアの小学校と交流しています。今年は40人が日本にやってきて、来年は私たちが向こうに行きます。子どもは子どもの、教師は教師の家に泊まります。修学旅行は台湾に行きますが、そのときのコミュニケーションも英語で行います。子どもたちもそれを楽しみにしているので、モチベーションが非常に高いですね。保護者は海外に行くことを最初は心配されますが、帰ってきたら全員が『行ってよかった』といってくれます」（同）

また、子どもたちが安全に楽しく学べる環境が整備されている点も同校の魅力のひとつだろう。

「グラウンドは発がん性物質等の危険のない最高級の人工芝です。晴れた日は子どもたちが寝転んだりしていますし、体育の授業も楽しく取り組めています」（同）

こうした学校環境もあってか、登校拒否児童は4年連続でゼロ。その要となっているのが、養護教諭の江川眞美先生だ。

「本校では生徒の出席状況や健康状況がパソコンを通じて瞬時に共有されるため、学校全体で子どもたちを見守ることができます。たとえば、前日に怪我などをした子どものことはデータで把握し、朝の校門での挨拶も欠かさないようにしているのです。また、本校では職員室と保健室がドア1枚で隣接していてコミュニケーションの機会も多いので、担任の先生方との連携もはかりやすくなっています」と江川先生。

そんな同校の教育目標は「誰からも信頼されるリーダー」を育てることにあるという。

「たんに勉強ができるというだけではなく、その人が中心になってみんなを守り、みんなを動かしてくれる人間を育てたい。本校での生活のなかで自分を思い切り出して、たくさんのことに挑戦できたら、間違いなくそういうリーダーになれると思います」（前出の兒玉副校長）

桃山小学校の校庭は、最新の人工芝を導入し、児童の安全を守っている

トピックス

書評合戦「ビブリオバトル」で引き出される有機的な学び

児童たちがビブリオバトルに取り組む様子

同校の若松俊介先生が国語の授業で取り入れているのが、「ビブリオバトル」という本の紹介を行うコミュニケーションゲーム。これは各人がそれぞれ気に入った本を1冊選んで紹介し、参加者全員でディスカッションを行い、「どの本が一番読みたくなったか」を投票してもらい、チャンピオンをきめるというもの。

「その本の魅力を簡潔に過不足なく伝えなければいけないので、プレゼンのスキルも磨かれますし、たがいの興味関心やパーソナリティの理解も深まります。普段の授業だけでは、クラスメイトの趣味・趣向まで知る機会がなかなかないので、相手を知る機会にもなるんです。おかげで、クラス内の人間関係をつくることにもつながっています」と若松先生。

むろん、子どもたちのなかには本が特別好きではない子もいる。が、そうした子たちもビブリオバトルをつづけていくうちに、好奇心が育成され、自然と本を手に取るようになるのだという。

「読書にあたっては引っかかるところ、つまり〝読みどころ〟を気にしてもらいます。文章を読んだときに引っかかる部分は人それぞれで、同じ本を読んでも友だちは違うところが気になっているのだ、とわかると、関心の幅が広がり、本をよりおもしろく読むことができるようになるわけです。さらに興味が深まると著者に手紙を書く子も出てきます」（同）

ビブリオバトルはもともと、京都大学の教授によって考案された読書会の一形式。今では読書好きの大人の間でも人気となっており、書店などでのイベントにもなっている。そうした知的ゲームに子どものうちから触れることで、一面的ではない読書の手法を身につけることができるのだ。

級友に、自分の本のプレゼンをする児童

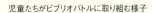

From OG・OB

自主性を尊重する校風で育まれた確信が仕事に生きる

桃山小学校では現在もICT教育に力を入れている

2001年3月に同校を卒業し、京都教育大学附属桃山中学校・附属高校、大阪大学・大学院を経て、NHK松山放送局で記者として働く室達人さんは、桃山小に在学していた90年代後半～2000年前後をこう振り返る。

「まだWindows95、98の時代だったのですが、教室のそばにパソコンが置いてあって、インターネットに接続可能でした。僕はとくにパソコンが好きだったので、よく使っていました」

当時から桃山小では、授業や休み時間のすごし方も含めて、子どもの自主性に任せる雰囲気が強かったという。

「そういう自由な空気のなかで、『自分の好きなことをもっと深めていってもいいんだ』という感覚を強く持つようになったと思います」

その自由な雰囲気のなかで、室さんは小学校高学年から音楽文化に興味を持ちはじめ、中高ではバンドを結成したり、ジャズやヒップホップといった海外の音楽に興味を惹かれていった。

「英語を学びはじめていたので、ネット経由で海外のサイトを読んだり、好きになったアーティストにメールを送ったりしました。アーティストから返事が返ってくることもあり、多感な時期だっただけに感動しました」

室さんだけでなく、ともに進学した同級生たちも情報機器の扱い方に習熟していたという。

「みんなブログをはやくから立ち上げていましたし、中1くらいから仲間内でパソコンを使用した音楽制作もやっていました。国立大学附属校は受験しないと入れませんが、勉強一辺倒の家庭ばかりではなく、『パソコンでこんなことをやりたい』と頼んだらやらせてくれる環境の人が多かったんじゃないかと思います」

現在は台風中継から原発取材までさまざまな仕事を担当しているが、なかでも大学・大学院で学んだ芸術分野の見識を深めて仕事に生かしたいと考えているそうだ。

「小学校時代に『自分が学びたいことをどんどん学んで表現してもいいんだ』という確信を得られたのは大きいですね。学校全体として子どもの自主性を尊重する雰囲気があるのは、間違いないと思います」

DATA

●沿革

1908年	京都府女子師範学校が京都市吉田町の仮校舎に設けられる。同時に京都市第一高等小学校の一部と京都市第二錦林尋常小学校の全部とをもって、代用附属小学校発足
1936年	現在の所在地（京都市伏見区丹波橋）に校舎を移転
1949年	校名を「京都学芸大学附属桃山小学校」と改称
1972年	校名を「京都教育大学教育学部附属桃山小学校」と改称
2004年	国立大学法人化にともない、校名を「京都教育大学附属桃山小学校」と改称

●教育目標

自ら自分たちの生活を切り拓いていく「自立の力」と、互いを尊重し合いながら共に生きていく「共生の力」を育てていく。

●主な行事

・つゆくさ遠足（6月）／・臨海学習（5年生／7月）／・ペレア小学校訪問（8月／隔年）／・ペレア小学校来校（9月／隔年）／つゆくさ運動会（10月）

●住所

〒612-0072 京都府京都市伏見区桃山筒井伊賀東町46
TEL:075-611-0138 FAX:075-611-0157

大阪教育大学附属平野小学校

大阪市内という都市部にありながら、約2万8000平方メートルという広大な敷地を持つ大阪教育大学附属平野小学校。長い歴史を持ち、卒業生のなかには地元で活躍する人物も多いという。まさに地域創生の時代を地で行く附属学校だ。

大阪教育大学附属平野小学校校舎。大阪市内で広い敷地を持つ

丸野亨副校長

50年近く続く教育目標を反映した研究開発の取り組み

大阪教育大学附属平野小学校の最寄り駅は「あべのハルカス」などが立地する大阪市の繁華街・阿倍野駅から地下鉄で8分ほどの平野駅。都市部にしては珍しく、広大な敷地を持つ附属校だ。その成り立ちは古く、創立は1900年。教育目標もこの50年近く変わらないという。

「『ひとりで考え、ひとと考え、最後までやりぬく子』という教育目標は、教師や児童のみならず、保護者にまで深く浸透しています。そしてこれが言葉としてだけでなく、授業や生活指導の場面でも息づいているのは本校の自慢できる点だと考えています」（附属小学校丸野亨副校長）

2016年からは文部科学省研究開発学校に指定され、次の次の学習指導要領に向けた教育課程の研究にチャレンジしている。その主題は「未来を『そうぞう』する子ども」で、いうまでもなく「想像」と「創造」というふたつの意味を込めている。

「この主題を象徴する教科として、生活・総合・特別活動の3つを合わせた『未来そうぞう科』を設置しました。未来が見通しづらい現代において、子どもたちが自分の将来を考え、明るい未来を実感できるような教科にしていきたいと考えています」（同校四辻伸吾主幹教諭）

都市部の広い敷地を生かした思考の深まりと探究活動

この「未来そうぞう科」では、同

学校の敷地内で自然に親しみ、学習をする

校の広大な敷地が存分に活用されている。

「本校では敷地のなかで農業も盛んに行っています。大切なことは、栽培活動そのものだけではなく、そのなかで思考活動することです。たとえばある日、自分たちの池をつくろうと掃除をしていたら、池のなかにたくさんの生き物がいて、そのなかには外来種の魚も混じっていることがわかったのです。そこで、それがなぜ日本にいるのかを調べてみると、実はボウフラ対策としてその昔、日本に持ち込まれたということがわかったのです。ところが、現在ではそれが増えすぎて在来種のメダカを減らすことになり、公的に飼うのが違法だということもわかったのです。そういった日常の題材を生かし、外来生物はどう扱われているのか、取り締まるべき法律はどうあるべきかを考えていきます。このように、子どもたちが探究心をもって思考をめぐらせることができるようなカリキュラムをつくっているところです」（同）

研究開発校としてのこうした取り組みの目的は、主体的実践力・協働的実践力・創造的実践力を高めていくことにある。これには同校の教育目標である「ひとりで考え、ひとと考え、最後までやりぬく子」が反映されているようだ。

「主体的実践力とは自分で考える力、協働的実践力とはひとと考える力、創造的実践力とはやり抜く力を意味しており、これは本校の教育目標をそのまま置き換えたものになっているのです。研究開発の取り組みとは、指導要領改訂に向けて基礎データになるような研究ですので、日本全国に向けてわが国の未来をつくる子どもたちには『こういう力が必要だからこんな教育課程にすべき』とモデルを示したいと考えています」（前出の丸野副校長）

1年生から6年生まで毎日日記を書く理由

同校にはユニークな学習法がある。「自由ノート」は生活日記、「教科ノート」は学習日記で、前者は1年生から6年生まで毎日書き、後者は国・社・算・理のいずれか1教科について毎日書くことになっている。子どもたちの「書く力」と「自己をふりかえる力」を育てるためだ。

「基本的には、毎日机の前に座って書かないといけないので、学習習慣がつきます。それから、その日の出来事を振り返り、低学年から『こんなことがあった』『それでこう思った』ということなどを書く習慣をつづけていると、自然に自分を見つめる力もついてきます。自分をモニタリングすることは『未来そうぞう科』の授業で行われる『問題解決への取り組み』に必要な能力と重なります。また、学習内容だけでなく、友だちや先生の言葉を振り返って自分のなかでその授業を再現して、深めていくことができるようになります」（同）

「自由ノート」と「教科ノート」にはきめられたフォーマットはなく、B5サイズに1センチ方眼のマス目が印刷されたシンプルな用紙が使われている。6年間つづけることで、みずからをふりかえって書く力は驚くほど成長するという。

「教師は提出されたその日のうちに確認し、翌日に返却します。良いものがあれば、クラスで読み上げることもあります。確認する側も大変ですが、この取り組みも『ひとりで考え、ひとと考え、最後までやりぬく子』という教育目標に通じるものだと考えています」（同）

こうして同校で育った子どもたちは、卒業生である丸野副校長がそうであるように、長じて地元に残って活躍するケースが多い。

「私自身、父親も本校出身者なのですが、2世代3世代にわたって本校に通われている方は少なくありません。今は地方創生の時代だといわれていますが、まさにそれを実践している自負はあります。地域のためにつくそうという卒業生が多いのも、本校の特徴のひとつではないかと感じています」（同）

まさに同校は地域の拠点、そして地方創生の要となりうる附属学校といえそうだ。

トピックス

財政教育プログラムは この学校からはじまった

現在、全国の国立大学附属学校では、財務省と連携した「財政教育プログラム」と呼ばれる授業が行われている。財務省の担当者が来校し、子どもたちに国家予算の成り立ちについて講義し、どんな政策や予算を設けたらいいか、子どもたち自身がシミュレーションするという特別授業だ（96頁参照）。この財政教育を最初に取り入れたのが、ここ大阪教育大学附属平野小学校である。

「2014年に総合的な学習の時間を使って近畿経済産業局の方が授業をしたのが発端です。この年はエネルギー問題に関するテーマでした。児童からの反応は非常に良かったのですが、その年の担当者の方が異動になってしまって翌年はつづけられませんでした。その経験を踏まえて、こうした連携授業をプログラム化して広めることができないかと考え、近畿財務局とともに実現方法を探りました」（前出の丸野副校長）

当時、近畿財務局でも財政に関する教育を行いたいという考えがあったことから、試行錯誤の末に財務教育プログラムは完成。結果、この財政教育プログラムは全国展開されるまでになった。

「税金や社会保障費を上げるのがいい、悪いというだけの話にとどまらず、子どもたちが自分の頭で考えることが非常に重要だと考えています。小学校社会科カリキュラムからすると少し高度な内容ですが、子どもたちは『難しいから嫌や』というよりも、難しそうだけどチョッとやってみたらわかりそう、ということのほうが強くなるのです。なので、グループで頭を使ってあァでもないこうでもないと、話し合いが盛り上がります。そこに本職の財務省の方が来て、その見地からアドバイスをくれたり褒めたりしてくれると、自然と意欲も湧いてきます。おかげで、児童たちは非常に喜んで取り組んでいます」（同）

伝統ある学校であると同時に、新しいことにも貪欲に取り組む。これこそ、附属学校の真価といえるだろう。

「まさに不易流行といいますか、伝統を引き継ぎながら、現代の課題に応えていく学校でありつづけたいと考えています。今年はさらにバージョンアップした財政教育を実施しました」と丸野副校長。その進化はまだまだつづきそうだ。

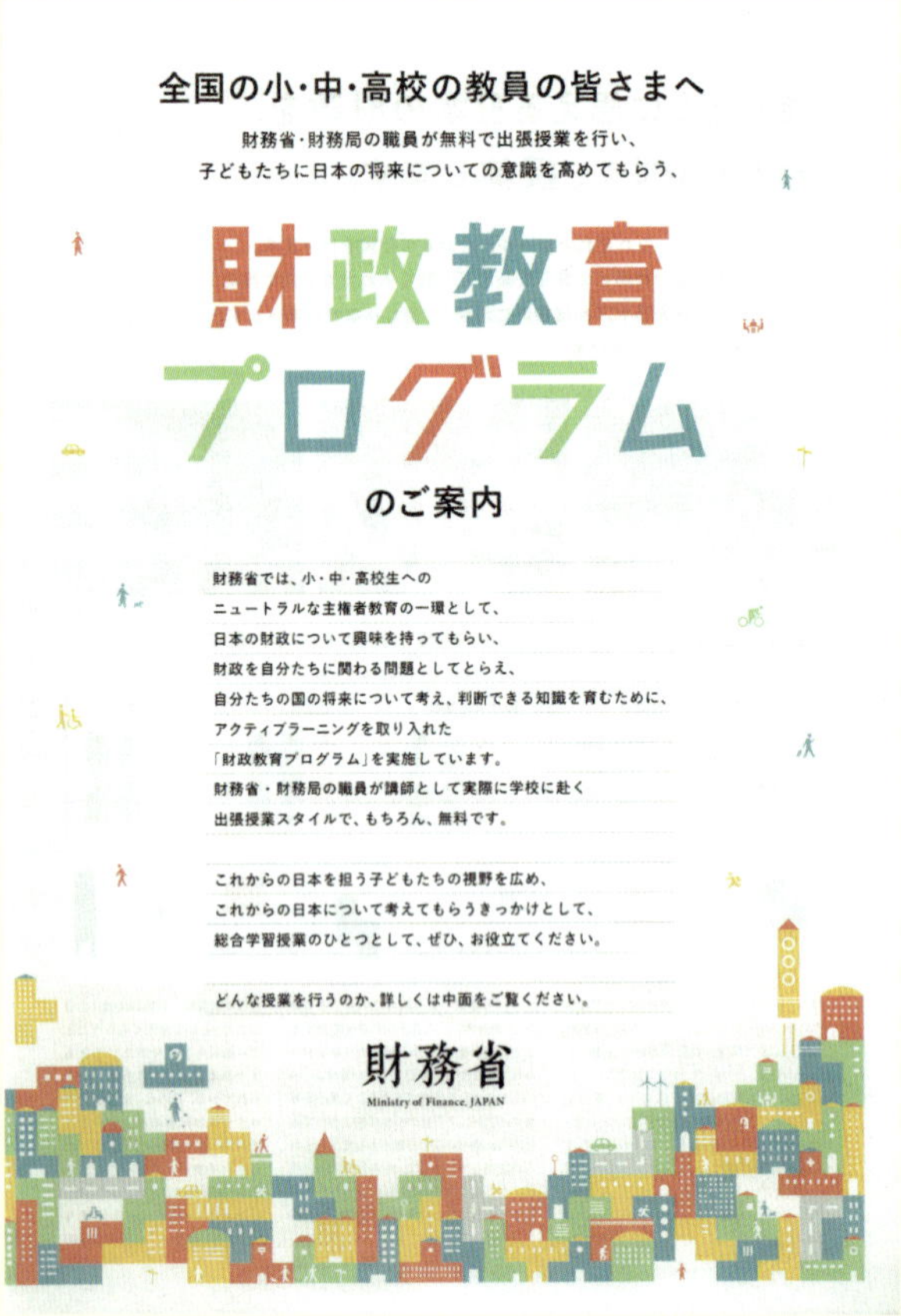

財政教育プログラムは、いまや全国に広がった

グループで財政教育プログラムに取り組む子どもたち

From OG・OB

地域の人の健康のために地元で介護医療にかかわる

卒業生の梅田さん

前頁で丸野副校長が述べているように、大阪教育大学附属平野小学校の卒業生のなかには、地元で活躍する人も多い。現在同校のPTA会長を務める梅田千絵さんも、そのひとりだ。第82期卒業生で、現在は地元の病院で介護に携わっている。小学校時代の思い出を尋ねると、「高学年のときに、夏の臨海学舎で1㌖の遠泳に挑戦したことが記憶に残っています。全員の完泳を目指して、先生たちも含めてみんなで一体感を持って学校で練習をしていました。私は運動が苦手だったので大変でしたが、1㌖を泳ぎきることは自信につながりましたし、唯一得意なスポーツになりました。おかげで中学校、高校では水泳部に入り、大人になっても水泳はつづけています」と語る。

「継続する力」ということでは、附属平野小学校では「自由ノート」「教科ノート」が名物となっている。こちらは梅田さんの在籍時にも存在していたそうだ。

「学校が休みの日でもお正月でも、とにかく毎日たくさんノートを書きました。いま娘が平野小学校に通っていますが、やはり大変そうです。でもこのノートのおかげで、自分の考えをまとめる癖がつけられると思っています」

現在、娘さんは5年生になる。自身の母校に通わせようと考えたのは、同窓会がきっかけだった。

「娘が3歳くらいのときに、小学校の同窓会が初めて開かれたんです。久しぶりにあった同級生たちがみんなノビノビと素敵な大人に育っていて、この環境に娘も通わせたいな、と思いました。当時は大阪府外に住んでいたんですが、それで平野に戻ってきたんです」

娘さんが附属幼稚園に入園したとき、梅田さんはちょうど40歳だった。長年勤めた会社を退職して地元に戻り、自分の人生を見つめ直したという。もともと生家では父が開業医として平野の人々のために尽力していたこともあり、地域の人の健康な生活をサポートする仕事がしたいと介護福祉士の資格を取得し、現在に至っている。

最後に「小学校時代から、学年を超えたたてわり活動やグループワークでの学習にのぞむ機会が非常に多く、チームで何かに取り組むことが得意になったと思います。介護の仕事も、医師だけでなくさまざまな職種の方と連携することが非常に重要です。仕事のなかでも、附属で培った力は生かされていると感じます」と。

DATA

●沿革

1900年	大阪府女子師範学校附属小学校として、大阪市南区天王寺北山及び小宮に創立、開校
1927年	大阪市住吉区(現平野区)平野流町に新校舎竣工、移動
1968年	現校舎新築工事竣工
1995年	大学校舎全面撤去
2004年	大阪教育大学附属平野小学校と改称
2010年	創立110周年記念行事挙行
2016年	文部科学省研究開発学校、パナソニック教育財団特別研究校に指定

●教育目標

ひとりで考え ひとと考え 最後までやり抜く子

●主な行事

- 友だち班遠足(1年生)
- 運動会
- 平野フェスティバル
- 音楽会
- 自然教室
- 臨海学舎

●著名な出身者

- 仁科関夫(日本海軍軍人)
- 西慶子(女優)
- 仁木英之(作家)
- 秋山美歩(立体アーティスト)
- 中島芽生(日本テレビアナウンサー)

●住所

〒547-0032 大阪府大阪市平野区流町1丁目6番41号
TEL:06-6709-1230 FAX:06-6709-2839

神戸大学附属幼稚園・小学校

神戸大学附属幼稚園・小学校では、幼稚園から小学校までの9年間を、見通した教育課程の開発・実践を核とする幼小一体化を推進し、初等教育の拠点校を目指している。そして地域との交流からグローバルな人材を育てるという実践も。さっそく、同校の取り組みを紹介したい。

神戸大学附属小学校校舎

幼稚園から小学校を一貫した9年と捉える体制

神戸大学附属幼稚園・小学校は、1877年に開校した神戸師範学校附属小学校（のちの神戸大学附属住吉小学校）と1904年に開校した兵庫県明石女子師範学校附属小学校（のちの神戸大附属明石小学校と同大附属幼稚園）をルーツに持つ由緒ある学校だ。

同一の敷地内に幼稚園と小学校が併設された同校の最大の特色は、「グローバルキャリア人の基本的な資質の育成」であり、そのために、初等教育キャンパス構想を推進しているのだ。幼小9年間を見通した教育課程の開発・実践に取り組み、教員の人事交流および組織・運営面での一体化も進め初等教育の拠点校づくりを目指している。

こうした動きにあって同校は、文部科学省研究開発学校の指定を受け、幼児教育と小学校教育の9年間を一体として捉えた「初等教育要領」の充実に取り組んでいる。「初等教育要領」とは幼稚園教育要領と小学校学習指導要領とを一体化し、子どもの資質・能力を見出し、それを伸ばそうというもの。

組織・運営面では、幼小間で教員の人事交流を実施している。「本校では1年間、小学校の先生が幼稚園で保育を担当し、幼稚園の先生が小学校で1年生の担任をすることを行ってきました。こういった人の交流は、なかなかできないので珍しいと思います」と岡部恭幸校園長は話す。

さらに、ハード面においても、幼稚園と小学校をつなぐ初等教育キャンパス構想を掲げ、その実現に向けて関係各所に働きかけているという。

幼稚園児たちを育てる10の視点の学びの課程

幼稚園では教育目標として「人間らしく、よりよく生きるための行動の基盤を幼児自らに形成させる」ことを掲げている。

そのため「当園では、まず子どもたちが主体的に考えて『よい』と思うことをどんどんやっていく。ところが、ときには本人がよいと思ってしたことが友だちを怒らせてしまったり、悲しい気持ちにさせてしまったりしてしまうことがあります。その反応を子どもたちが見て『人間らしくよりよく生きる』とはどういうことかを学んでいくのです。そして教師はそれに気づいてくれるような環境づくりをしたり、子どもの遊びや生活を通じた学びから、カリキュラム研究をしています」と附属幼稚園の田中孝尚副園長は話す。

幼稚園では2010年度から、子どもの学びの過程を「自分の生き方」「人とのつながり」「自然との共生」「文字とことば」といった10視点40下位項目(現在は39下位項目)からなる観点で捉え、カリキュラム研究および教育を行っている。現在の研究開発の「初等教育要領」においても、この10視点が資質・能力を見出す際の手がかりとして重要視されている。

01年からは、幼児教育関係者を対象に参加型研究会も開催している。子どもの学びをもとにカリキュラムを開発し、改善するといった研究開発の手法を活用した研修会を実施。各地の研究会や研修会でも活用されているという。附属小学校における地域の教員を集めた夏季教員研修講座や教科ごとの授業研究会、研究協議会でも同校の研修手法が採用されているという。まさに同校園は地域の研修の拠点となっている。

海外校との交流でつくる〝グローバルキャリア人〟

そして、同校園にはもうひとつの特色がある。「グローバルキャリア人としての基本的な資質の育成」にもとづくさまざまな活動がそれだ。小学校では「神戸大学附属小学校Global Challenge Program」として、神戸大学と連携した国際交流プログラムを展開している。そのひとつである「AUSプログラム」では、オーストラリアのブリスベンにあるアイアンサイド校と相互訪問を行い、訪問時には学校交流や現地でのフィールドワークを行っている。

「神戸大学はブリュッセルやハノイなどに数多くの海外拠点を持っていることもあり、海外の小学校や国際学校とは頻繁に相互訪問しています。昨年は『MRSプログラム』として、フランスのマルセイユを訪れホームステイを実施し、現地の子どもたちと交流をしてきました。本校では1年生からALT(外国語指導助手)と一緒に外国語活動をしているので、こうした海外訪問が実践的な外国語コミュニケーションを学ぶ場にもなっていると思います。海外で異文化を学ぶことによって、自国の文化を見つめ直すこともできるのです」と、附属小学校の梅本宜嗣副校長は力説する。

そして、こうして育った生徒は「人懐っこくて、人を好きな子が多いですね。あまり人見知りしないので、私が初めて着任した日にも子どもたちが『一緒に鬼ごっこをしよう』と誘ってくれたのを覚えています。学校全体に自由な雰囲気があると思います」と附属小学校の田淵知紗教諭は話す。

卒業後は、中高一貫校である神戸大学附属中等教育学校への連絡進学と、地域の公立中学校や私立中学校へと進学する。中等教育学校への連絡進学では、6年生の12月に連絡進学適正検査が実施される。そして、神戸大学への進学については近年、神戸大学附属中等教育学校からの接続が実験的に行われている。

「16年度の実績では、中等教育学校から8名が神戸大学に進学しました。17年度にもう一度実施する予定です。18年度以降は、この進学制度を一般の高校にも広めていくつもりです。ただ、本校出身者は帰国子女や小さい頃から外国慣れをしている子も多いので、海外を含め進学先はバラエティに富んでいると思います」(神戸大学船寄俊雄附属学校部長)

神戸大学附属幼稚園園舎

トピックス

グローバルに羽ばたくために 地域との密接な交流がカギ

神戸大学附属幼稚園・小学校では、通常の授業や国際交流プログラムに加え、フィールドワークにも力を入れている。4〜6年生時に実施される宿泊活動は、一般的な修学旅行とは一線を画し、明確なテーマを掲げている。

たとえば4年生時には淡路島へ行き、自然学校を通じて「環境・自然」について学び、5年生では「平和」をテーマに、高い高齢化率に悩む山口県・周防大島に赴き、3日間、同島で民泊するという具合いだ。

「現地のおじいちゃん、おばあちゃんに大事にしてもらいながら、農業や漁業のお手伝いをしたり、薪で風呂焚きをしたりといった経験をします。また、6年生は『災害・復興』というテーマで、南三陸町や田老町近辺など東北地方を訪れます。仮設住宅にうかがって現地の方と交流を深め、さまざまなお話をしてもらいます。そこで、防災や減災のためにどういったことをすべきかを、子どもたちは学ぶのです。神戸は1995年に阪神・淡路大震災の被害にあいました。そこで生まれ育った子どもたちが『被災地と学ぶ』ということを勉強しています。被災地を元気にする活動です。これが大切だと思っています」（前出の附属小学校梅本宜嗣副校長）

また、「広島で平和学習をしたときには、子どもたち自身の発案で、平和記念公園を訪れた外国人の方にアンケートを取りました。項目も学年全体で考えて、それを先生に英訳してもらっていったのですが、みんな物怖じせずに、外国の方に話しかけていた」と前出の岡部恭幸校園長は話す

そして、こうした気風が培われたのは、「駅の近くにある商店街で仕事体験をしてみたり、『動物クイズを作ってみよう』という国語の単元では、神戸市立王子動物園の飼育員の方に会いに出かけたりと、小さいうちからフィールドワークを積み重ねてきたからではないか」と前出の梅本副校長は話す。

神戸大学附属幼稚園・小学校の子どもたちは教室だけでなく、自分たちの生まれ育った地と密接にかかわり合いながら、多くのことを学んでいる。こうした地域と結びついたフィールドワークこそ、将来グローバルに羽ばたく子どもたちの礎となっていくのではないだろうか。

4年

環境・自然

自然学校

5年

平和・民泊

周防大島・広島

6年

災害・復興

東北

各学年がそれぞれに応じた体験をする（学校要覧より）

From OG・OB

バレエダンサー目指して 大学進学を選んだ附属生

神戸大学国際人間科学部発達コミュニティ学科1回生の高田麻結さんは、幼・小学校を卒業後、附属中等学校へ進学し、神戸大学への接続進学をはたした。附属学校での思い出を聞くと、「総合学習に力を入れていたので、自分の意見や考えを発表をする機会が多かったです。年度の頭と終わりに、1学年ごとに生徒たちで話し合った年次目標を全校生徒の前で発表するんですが、その内容を話し合う中心的なグループに入って、役割分担をきめたり構成を考えたりといった活動をしたことを覚えています。ほかにも5年生の臨海学校以降の校外学習では、先生ではなく生徒たちで話し合って現地で行うレクリエーションをきめたりしていました。そうやって自分たちの考えをまとめたり、それを相手にも伝わるようしっかりと言葉にする力は、この学校生活を通じて身につきました」

そう語る高田さんの将来の夢は、バレエダンサーだ。

「5歳のときからはじめて、今でもその夢を追いつづけています。今の学部に進学したのも、コンテンポラリーダンスを教えている先生のゼミに入りたいと思ったからなんです。私はクラシックバレエのダンサーになりたいのですが、最近はコンテンポラリーとクラシック、両方を踊れるダンサーが求められています。ダンサー志望の場合、中学や高校を卒業したら留学するというのが一般的です。ですが、スポーツ科学や心理学など、異なる分野を学ぶ学生がひとつになっている神戸大学国際人間科学部発達コミュニティ学科のほうが、人間的な幅が広くなると考えたのです」と高田さんはいう。実に柔軟性に富んだ発想だ。

「そうやってひとつの考えだけに執着せず、ほかの人と意見を共有して、いろいろな考えを取り込んでいけるのは、幼稚園や小学校での活動が生きているんだろうな、と思う」と話していた。

ダンスを披露する高田さん

DATA

●沿革

2009年	附属学校再編に伴い、附属住吉小学校と附属明石小学校が合併。幼稚園と小学校共に現在の名称へと改称される
2012年	オーストラリア・インズランド州のアイアンサイド校の訪問団派遣を開始。(13年より訪問団の受け入れも開始)
2013年	文部科学省研究開発学校指定研究「『初等教育要領』の開発」を受ける
2016年	フランス・マルセイユ市への訪問団派遣を開始。(17年には同市マノスクPACA国際学校に教員派遣を開始)
2017年	3年間の指定期間延長によって、文部科学省研究開発学校指定研究「『初等教育要領』の充実」を受ける

●教育理念

[小学校]
国際的な視野を持ち、未来を切り拓くグローバルキャリア人としての基本的な資質を育成する。
[幼稚園]
人間らしくよりよく生きるための行動の基盤を幼児自らに形成させる。

●主な行事

[小学校]・スポーツデー（5月）・宿泊活動（5年生／4月、4・6年生／10月）・AUS訪問団派遣（7月）・MRS/・HOKU訪問団派遣（10月）・防災訓練・震災講話（1月）
[幼稚園]・研究保育（5・6・11月）・運動会（10月）・お店やさんごっこ（12月）・生活発表会（2月）

●著名な卒業生

牛尾治朗（実業家・経済同友会特別顧問）／江崎玲於奈（物理学者・ノーベル物理学賞）／鴻池祥肇（参議院議員）／小坂明子（シンガーソングライター）／白洲次郎（実業家・元国務大臣）／末松信介（参議院議員）／西村康稔（衆議院議員）／野依良治（化学者・ノーベル化学賞）／丸川珠代（参議院議員）／森山未來（俳優）
※50音順

●住所

〒673-0878 兵庫県明石市山下町3番4号
TEL:078-911-8288（幼稚園）
078-912-1642（小学校）
FAX:078-914-8153（幼稚園）
078-914-8150（小学校）

奈良女子大学附属学校園（幼稚園・小学校・中等教育学校）

大正デモクラシーの真っ只中で生まれた奈良女子大学附属学校園では「自由、自主、自立」の精神が今も変わらず生きている。そうした考えから、授業から学校行事まで子どもたち中心で進められている。

中等教育学校1・2年生の希望者を対象に行われる「サイエンス夏の学校」

左から、附属小学校堀本三和子副校長、附属幼稚飯島貴子副園長、附属中等教育学校吉田隆副校長

大正時代から実践してきた“子どもたち中心”の授業

奈良女子大学附属学校園（幼稚園・小学校・中等教育学校）は、百余年の歴史を持つ老舗校だ。その教育の原点は大正デモクラシー真っ只中、大正自由主義教育運動の指導者のひとりであった木下竹次が、当時の奈良女子高等師範学校附属小学校で実践した学習法にあるという。

「当校の伝統的な学習法では、授業の中心にいるのは教師ではなく子どもたち自身。今でいうアクティブラーニングを100年以上も実践してきました。時代が変わっても、その根幹は同じです」（附属小学校堀本三和子副校長）

学習は子ども一人ひとりが「めあて」を持って取り組む。個人発表やグループ発表の後は、発表者以外の子どもがわからないことや疑問点について「おたずね」し、あるいは「付け足し」することで対話が生まれる。その間、教師は一人ひとりの学びを支えたり、議論の方向性がズレそうなときに軌道修正したり、といったファシリテーターの役に徹する。子ども中心、自主性を引き出す学習スタイルで「自分をつくる子ども」を育てるのが、この学校園の教育方針なのだ。

異なる年齢の子ども同士がかかわり合う幼小一貫教育

2006年度には文部科学省の研究開発学校の指定を受け、さまざまな新しい取り組みに挑戦している。もっとも特徴的なのが、幼小一貫教育カリキュラムの開発である。3・4歳を初等教育前期、5歳と1・2年生を初等教育中期、3〜6年生を初等教育後期と位置づけ、この9年の間に「なかよし探究」として、「なかよしタイム」「なかよしひろば」「なかよしラボ」の3段階で、異なる年齢の子どもたちが一緒に学習・活動する場を日常的に設けているという。たとえば3〜5歳の共同探究の場である「なかよしタイム」では、まず1学期は4・5歳のみ、2学期からは3歳も加わって、短時間触れ合うところからおやつを一緒に食べたり、探究活動をしたり、1日すごしたりと段階を踏みながら異なる年齢同士の共同生活を実践していく。

「昨年度のテーマは『思考力』。たとえば『園内の玩具や道具をつかって机の上の隙間を埋めよう』という探究活動をすると、3歳児は4・5歳児のやり方や振る舞いをマネし、5歳児は試行錯誤しながら、3・4歳児でもわかるような説明の仕方や伝え方を考えています。そのなかでおのずと役割分担が決まり、おたがいに協力しあっていくのです」（附属幼稚園飯島貴子副園長）

年齢が上がって5歳と1・2年生の共同探究の場「なかよしひろば」は、毎週2時間設けられている。6人の担任教師たちがそれぞれの専門分野を生かしたチーム（「植物観察」や「お話づくり」など）をつくり、子どもたちは部活動のように好みのチームに参加するのだという。

「全国でも2学年の異年齢教育を実践しているところは多いですが、それだとたんに教える／教えられるだけの関係になってしまいます。そこにもう1学年加わることで、1年生は2年生のやり方を見つつ、5歳に背中を見られてもいる、という環境がつくられ、より実社会に近くなるのです。こうしたなかで子どもたちは着実に頼もしく育っていきます。また、5歳児が1・2年生とともに探究することで、小学校での『学び方を学ぶ』機会にもなっています」（前出の小学校堀本副校長）

3～6年生の「なかよしラボ」になると、全員がサイエンスラボやアートラボなど12のラボに属し、1年間かけて取り組む個人研究のテーマをきめ、年度末の発表を目指す。テーマはできるだけ自分の生活とかかわりが深く、実感を持って研究していけるものとするため、教師のヒアリングを重ねながらじっくり慎重に時間をかけて決定するそうだ。なんらかの体験や実験、関係者へのインタビュー取材など、求められるものは高度だが、1・2年生時から自由研究やその個人発表を子ども全員が経験しているので、スムーズに研究を進める子どもが多いという。

「普段の学習や発表など人前で話す機会が多いほか、当校では1年生から6年生まで毎日2ページの日記をつけることを習慣づけるようにしています。卒業生たちは『日常的に自分の考えを話したり書いたりしてきたおかげで、中学・高校でのプレゼンや作文が苦にならない』といっています」（同）

中等教育学校のサイエンス研究会でさらに学習を深める

このように子どもたちの自主性を引き出し、異なる年齢同士の共同学習や発表の場づくりを重視する教育体制は、附属中等教育学校でも同様だ。中学1年生～高校3年生にあたる6年制が法制化されたのは1999年。その翌年には「世界的・人類的な課題に対して、基本的な知識と技能を持ち、自己の価値観に基づいて判断・主張・行動ができる、21世紀に必要とされる教養を備えた市民リーダー」を育てることを目標として附属中等教育学校がスタートした。

「附属幼稚園・小学校から接続してきた生徒は、自主的な学習が身についており、みずからの価値観できちんと判断し行動できる」ので、「中等教育学校では、そうした自主的な学習をより深化させていく授業内容になっています」（附属中等教育学校吉田隆副校長）

とくに力を入れているのが、文部科学省指定のスーパーサイエンスハイスクール（SSH）としての取り組みだ。05年から設けられたサイエンス研究会（数学・物理・化学・生物・地学の5班）に属せば、生徒たちは教師の指導の下で充実した設備を活用し、独自の研究を行うことができるという。ほかにも、奈良女子大学の理系女性教育開発共同機構と連携し、理数系の教師と大学教授による理科と数学のコラボ授業を受けることができる。

「サイエンス研究会は小学校の『なかよしラボ』の延長線上にあり、その土台となっているのが幼小一貫教育です。『自分の頭で考え、判断する』ことを身につけた生徒たちは、中等教育学校での研究をさらに発展させて、国内外のさまざまな大学や企業などで活躍しています」（同）

3歳から中等教育学校を卒業し、さらにはその先の大学・大学院までを見通した、奈良女子大学附属学校園の「25年間の学び」、そこには子どもたちが自主性をもって学習に臨める環境と機会に溢れているようだ。

SSH全国生徒研究発表会で科学技術振興機構理事長を受賞した、サイエンス研究会生物班 5年B組の松井絵莉子さんの『抹茶の科学』ブース

トピックス

みずから見積もりまでとり修学旅行先を生徒が決める

AYF2017の様子

「自由、自主、自立」の精神を掲げる奈良女子大学附属中等教育学校。日々の授業やSSHとしての取り組みについてはすでに紹介した通りだが、生徒会や学園祭、修学旅行などの課外活動においても、生徒たちの自主性はいかんなく発揮され、コミュニティの構成員としての所属意識や責任・義務などのシティズンシップが育まれている。

たとえば修学旅行（5年生時）では、行き先の選定から現場の仕切りまで、すべてが生徒たちの手にゆだねるられる。まず行き先をきめるにあたっては前年度に候補地を数カ所募り、生徒たちはそれぞれが希望する行き先について事前に調査するという。

「旅程や予算、『ここではこんな体験ができる』『こんなメリットがある』といったリサーチだけでなく、行き先の土地の歴史や文化についても調べます」（前出の吉田副校長）

さらに旅行業者数社に行程案を出させ、なんと見積もりまでとるというから驚きだ。そのうえで代表者がプレゼンし、最終的には多数決で正式な行き先が決まる。決選投票は毎年僅差だそうだ。教師はその模様を見守り、修学旅行先では時間配分のやりくりなどのサポートに徹する。こうした経験を通して培われたシティズンシップは、チームでの研究開発や異なるバックグラウンドを持つ人たちとタッグを組んでのビジネスなど、実社会のさまざまな場面で役立ちそうだ。

またもうひとつ、同校はアジア圏の学校との連携にも熱心に取り組んでいる。毎年7月には、ユネスコスクールを基盤として国際交流事業「AYF（Asian Youth Forum for Sustainable Future）」を主催。アジア各国（韓国、台湾、インドネシア、マレーシア）の学校の生徒たちと同校の生徒たち総勢約50名がさまざまなテーマでディスカッションし、各国の文化発表、交流会などを行っている。この取り組みをイベント名称を変えながら約20年にわたって継続してきたほか、昨年度から3年間のプロジェクトとして、科学分野に特化した国際教育イベント「さくらサイエンスキャンプ」も実施。はやくもたんに交流にとどまらない広がりとなってる。

毎年9月には、ユネスコスクールを基盤として国際交流事業
「AYF（Asian Youth Forum for Sustainable Future）」を主催

From OG・OB

SSH1期生として学び世界で研究を続ける

2005年にSSHの指定校となって以降、奈良女子大学附属中等教育学校は世界で活躍する人材を多数輩出してきた。在学中、SSH1期生として「身体動作や生体信号を用いた、人と機械の新しい関わり方についての研究」に没頭したという西田惇さんも、そのひとりだ。その後は同じテーマで先駆的な研究を行っている筑波大学へ進学。大学院からは文部科学省博士課程教育リーディングプログラムの指定を受けた5年一貫制博士課程で研究を続け、現在はHuman-Computer Interaction分野で最大規模の民間研究機関であるマイクロソフト・リサーチに在籍している。

「人の身体・認知機能の補完・拡張に基づく医療・リハビリ支援といった医工融合研究、人と人との新しい感覚コミュニケーションを実現する次世代インタフェースの開発などを行っています」

まさに世界最先端、最前線で研究をつづける西田さんに、「奈良女子大附属に在籍した15年間」を振り返ってもらった。

「小学校では理科の実験や造形の授業に興味を持ち、夏休みには大阪・日本橋の部品店に通って電子デバイスを作成、小学校内での研究発表会でプレゼンもたくさんしました。中等教育学校の6年間ではそういった活動をより深め、自分たちの研究が全国大会や世界大会に繋がるのではないか、という予感と興奮を覚えながら日々懸命に取り組みました。そのなかで新しい地を訪れて新しい人々と出会い、新しい知識を手に入れることができたことは、とても幸運だったと思います。自分が興味を持ったことや自分の仕事を主体的に突き詰め、世界に発信する機会をつかみ取る——。そんな日々を送ってきたからこそ、今の自分があるのだと実感します」

最後に、これから同校で学ぶ後輩たちへのメッセージをお願いすると、次のように応えてくれた。

「今後入学される皆さんが、奈良女子大学附属学校園ならではの環境を最大限に活用し、学校や地域、あるいは思い込みといった物理的・心理的な枠を超えて世界で活躍していくことを願っています」と。

現在も研究活動にいそしむ西田さん

DATA

沿革

［附属幼稚園］

- 1912年　奈良女子高等師範学校附属幼稚園として開園
- 1949年　奈良女子大学・奈良女子高等師範学校附属幼稚園に園名変更
- 1952年　奈良女子大学文学部附属幼稚園に園名変更
- 1975年　所在地を奈良市東向北町から奈良市学園北へ移転
- 2004年　国立大学法人奈良女子大学附属幼稚園となる
- 2009年　附属小学校とともに、幼小一貫教育校としての取り組みをはじめる
- 2012年　附属小学校への全員入学制度が完成する

［附属小学校］

- 1911年　奈良女子高等師範学校附属小学校開校
- 1949年　奈良女子大学・奈良女子高等師範学校附属小学校に校名変更
- 1952年　奈良女子大学文学部附属小学校に校名変更
- 1965年　所在地を奈良市北魚屋西町から奈良市百楽園へ移転
- 2004年　国立大学法人奈良女子大学附属小学校となる
- 2009年　附属幼稚園とともに、幼小一貫教育校としての取り組みをはじめる
- 2012年　附属幼稚園からの全員入学制度が完成する

［附属中等教育学校］

- 1911年　奈良女子高等師範学校附属高等女学校開校
- 1916年　奈良女子高等師範学校附属実科高等女学校開校
- 1947年　学制改革で附属中学校発足、新入生から男女共学となる
- 1948年　附属高等学校発足
- 1973年　新入生より6年一貫教育実施（高校入試を廃止）
- 2000年　奈良女子大学文学部附属中等教育学校となる
- 2004年　国立大学法人奈良女子大学附属中等教育学校となる

教育理念

・生き生きとした明るい子ども・考えてやりぬこうとする子ども・美しく温かい心の子ども
・開拓創造の精神を育てる・真実追及の態度を強める
・友愛、協同の実践を進める・自由・自主・自立

住所

・附属幼稚園：
〒631-0036 奈良県奈良市学園北1-16-14
TEL0742-45-7261　FAX0742-40-2161
・附属小学校：
〒631-0024 奈良県奈良市百楽園1-7-28
TEL0742-45-4455　FAX0742-40-2160
・附属中等教育学校：
〒630-8305 奈良県奈良市東紀寺町1-60-1
TEL.0742-26-2571　FAX0742-20-3660

Mihara Educational Institution
Hiroshima University Schools

広島大学附属三原学校園

広島大学附属三原学校園の敷地には「自ら伸びよ」と彫られた石碑がある。これは１９２４年からつづく同校の教育理念を指し示す言葉でもある。12年間の一貫カリキュラムを組む学校園では、広島という土地柄を反映した教育が行われている。

三原城跡近くにひろがる、広島大学附属三原学校園

附属中学校宮本直彦副校長

三村真弓学校園長

「自ら伸びよ」の言葉のもとに 12年間一貫で学ぶ独自課程

　広島大学附属三原幼稚園・小学校・中学校の成り立ちは、１９１１年までさかのぼる。この年に三原女子師範学校の附属として小学校が設置され、その２年後に幼稚園が設置された。広島大学の附属となり、中学校が設置されたのは戦後のことである。１９４２年に「自ら伸びよ」という教育理念のもと、「私達は私達の力で伸びていこう」「私達は人のためにつくして感謝しよう」「私達は私達のきまりを尊重しよう」という「自伸会三信条」が設定され、この三信条が園児・児童・生徒だけでなく、教職員や保護者にも広く深く共有されている。

　そして２００３年から幼小中の一貫教育として連携を強く打ち出すようになり、現学校園長の三村真弓先生によってその方針はさらに強化されている。

「本校学園は連絡入学をしているからこそ、12年間一貫でカリキュラムを組むことができるという強みがあります。その強みを生かすため、幼小中の教員は皆が交流し連携しながら一体となって教育活動に取り組んでいます。会議や生徒指導、行事での役割分担においても幼小中の教員の垣根はありません。幼稚園から小学校、小学校から中学校へどう接続させていくか、日々研究しながら教育に生かしています」（同）

　具体的には、幼小中の垣根を越えた学年区分を設け、接続期を意識したカリキュラムのなかでさまざまな合同の授業を行っている。

「幼稚園から中学校までを〈入門期・幼小接続期・中間期・小中接

続期・最終期〉の5つの学年区分に分け、それぞれの発達課題に応じた単元開発をします。幼稚園の年長（5歳児）と1年生・2年生（小学1年・2年）、5年生と6年生（小学5年・6年）と7年生（中学1年）の先生方が共同で研究開発や単元開発をし、交流授業を行っています」（同）

中学生が幼稚園児の保護者に聞き取りを行う「ペア学年」

また、年長（5歳児）と4年生（小学4年）で組む「ペア学年」の子ども同士は、卒業するまで授業や行事を通して行動をともにするなど、はなれた学年の異学年交流が盛んなのもユニークだ。

「『ペア学年』でペアを組んだ者同士は年がはなれているにもかかわらず、社会人になってからも家族のように付き合っているという声も聞きます」（附属中学校宮本直彦副校長）

ペア学年を組むことでの教育効果は高いとされる。〈入門期〉の子どもたちは年長者に保護されることで安心感を得ることができ、〈最終期〉の生徒たちは大人としての自覚を得られるという。

「運動会の際、ペア学年である年長児（5歳児）と4年生（小学4年）、年中児（4歳児）と8年生（中学2年）は一緒になって踊ります。中学生が踊りをつくって小学生、幼稚園児にも教えるのですが、中学生は当然、幼稚園児の対応に苦戦します。その際、中学生は幼稚園児の保護者に『家ではどうすごしているか』などの聞きとりをしながら教え方を工夫しているようです。そしてその聞きとりから家族とのかかわり方を学び、子どもの言い分と親の立場の両方を理解し、自分と親との関係性を見つめ直す機会にもなっているようです」（前出の三村学校園長）

「中学生は勉強や思春期の悩みを抱えて、自己肯定感が低くなりがちです。そういう時期に、小さな子どもたちが自分たちを頼ってくれれば、自己肯定感が生まれ、精神状態が安定します。こうした教育手法は12年一貫教育だからこそできることだと思います」（前出の宮本副校長）

独自カリキュラムのなかで学力の伸長にも重きを置く

「希望（のぞみ）」と名づけられた授業も、同学校園の大きな特色だ。新学習指導要領・幼稚園教育要領等（2017）で求められている「教科横断的な資質・能力」を高めるために設けられたもの。総合的な学習のすべての時間と、特別活動・道徳から各10時間を集めて設定した新領域の授業で、平和学習とグローバル教育を兼ね備えた「ピースプロジェクト」などを行っている（次頁詳述）。

「新領域『希望（のぞみ）』と特別活動と道徳の関連は、本学校園が具体的に伸ばしていきたいと考える3つの資質・能力〈キャリアプランニング能力〉〈人間関係形成・社会形成能力〉〈課題対応能力〉を育んでいくうえで非常に重要な役割をはたしています」（前出の三村学校園長）

もちろん、学力向上に対する意識も高い。実際、同学校園は「附属学校は研究機関としての役割があり、かならずしもスーパーエリート校である必要はない」としながらも、小学校から習熟度テストを行い、家庭学習を充実させるなど学力向上にも力を注いでいる。宮本副校長は「多くの附属学校では、幼から小、小から中に進学する段階で学力が低い生徒を落とすのが通常です。でも本校園はそれをせず、入園時には公立・私立と変わらないレベルの子どもたちに、12年間の一貫教育で卒業時には比較的高い学力が身につくような教育を行っています」と語る。心と学力を両方伸ばす――「自伸会」という言葉の意味が共有されていることが伝わってくる。

幼稚園・小学校・中学校の枠を超えた交流は、行事でも発揮

トピックス

「希望（のぞみ）」授業で育む グローバルな力と視点

児童生徒たちが授業に取り組む校舎

前頁でも紹介した三原学校園独自の新領域「希望（のぞみ）」は〈キャリアプランニング能力〉〈人間関係形成・社会形成能力〉〈課題対応能力〉の３つの資質・能力の獲得と同時に、〈自律〉〈共生〉〈参画〉の３つの態度・価値観の育成も目的としている。その狙いは、未来の社会において必要とされる、自ら生き抜いていく力、未来の社会を創世する力を、学校教育のなかで育もうとするものだという。そのため、幼稚園でも「思いを伝え合う」「自分のことは自分でする」「粘り強くやってみる」など、キャリア教育につながる能力を伸ばす保育を心がけているそうだ。

また、同校学年区分の〈最終期〉（中学２・３年）には「希望（のぞみ）」の授業の一環として「ピースプロジェクト」という活動がある。

これは中学生が平和祈念公園や原爆ドームなどで、アメリカから招聘した中学校や高等学校の教師に原爆のことを英語で説明するというもので、平和教育とグローバル教育を兼ねた内容になっている。

「平和について子どもたちと語ることで、アメリカから来られた先生方は『アメリカの平和の考え方、そして日本の、広島の平和の考え方を共有できた』と感激していました。アメリカから来た先生方とグローバルな対話をできるということも大きな目的のひとつです。以前から行ってきた活動でしたが、『希望（のぞみ）』の一環として位置づけることによって教員の意識が変わり、生徒の意識も変わりました。本当の意味での〝ピースプロジェクト〟に変わりつつあると思います」（前出の三村学校園長）

同学校園の母体となる広島大学は、スーパーグローバル大学のトップ型指定校である。広島大学は現在、大学の授業を英語で行うなど、国際的に通用する国際バカロレア資格取得に向けて英語教育やグローバル教育に力を入れている。大学との連携のなかで同学校園も、グローバル関連の授業を多く組むなど、グローバル教育を年々強化しているという。

中学生の「希望（のぞみ）」授業では
生徒の自発性がいよいよ高まる

小学校4年生での「希望（のぞみ）」授業の様子

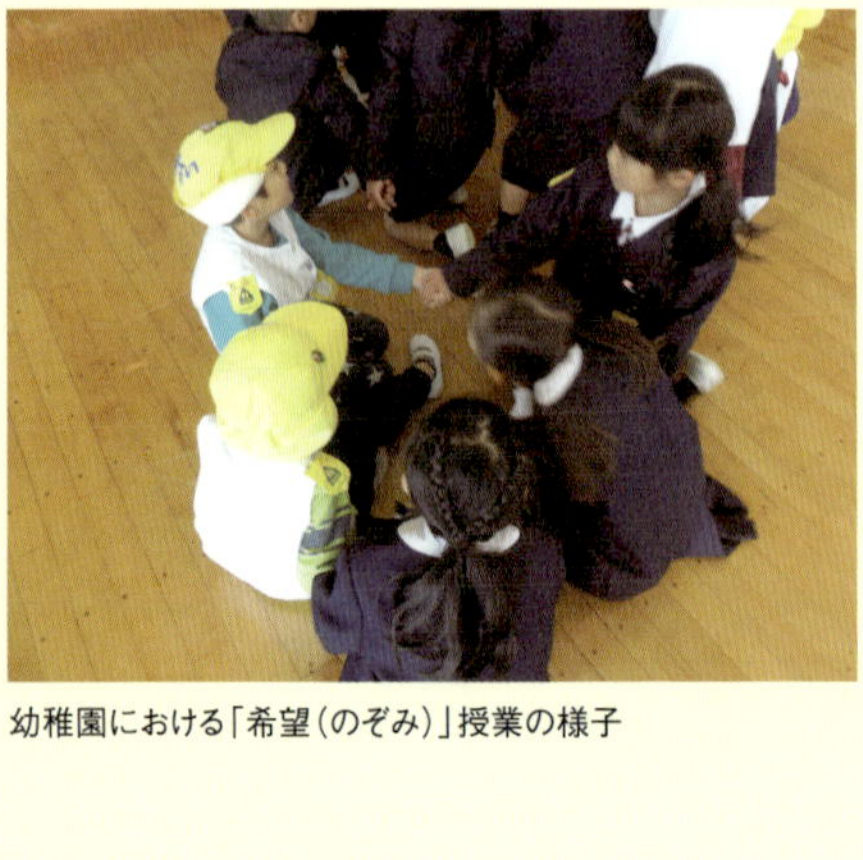
幼稚園における「希望（のぞみ）」授業の様子

From OG・OB

何もなかったけど楽しかった
附属で育ち国政の場に立つ

自由民主党参議院議員・溝手顕正氏

自由民主党の参議院議員として5期目を迎える溝手顕正氏は、小学校3年から中学校卒業までを広島大学附属三原学校園ですごした。原爆の爪痕深い広島市から、戦後疎開を経て三原市に住むようになり、復員によって住人も子どもも一気に増えた時期を目の当たりにしてきたという。

「三原市に住みはじめた頃は、公立小学校に通っていました。どんどん子どもの数が増えて、途中からはひとつの学校では収容できなくなって、公立小学校がひとつ開校されたほどでした。その頃にたまたま附属三原小学校で補欠の募集が出たので、応募したところ入学できた」と溝手顕正氏は話す。

溝手氏が附属三原小学校に編入した1950年代当時、1学年に生徒数40人の2学級があった。学校設備はまだまだ整っておらず、体育館もない環境だったが、日頃から野球やバレーボール、卓球などをして、学友たちと毎日遊んだ。

「ちょうどその頃は朝鮮戦争による特需があり、三菱重工や帝人といった大企業を抱える三原市は、景気が回復しはじめていました。それでもまだまだモノがなくて、毎日素足に下駄を履いて学校に通っていました。校舎をつないだ渡り廊下の入口の脇にコンクリート製の足洗い場があって、外で遊んだ後はそこで足を洗ってから校舎に入るんです。冬場は冷たかったですね」

そのまま中学校に進学すると、外部からの入学者が増え、1クラス50人学級になった。それにともなって、附属学校がどういった位置づけの学校なのかを理解しはじめたという。

「附属三原中学校は進学校というイメージがありました。外を歩いていると『ぼっちゃん学校』と同世代の他校生に揶揄されることもありましたが、通っている子どもの心にも『いい学校に通っている』という自負がありました。学校内は意地悪な人が少なく、この年齢になっても〝ちゃん付け〟で呼び合える優しい関係を築いています」

三原市長を務め、国政の場に進出した溝手氏の記憶のなかには、附属三原学校園での思い出が強く刻まれているようだ。

DATA

●沿革

1909年　広島県三原女子師範学校創立
1911年　広島県三原女子師範学校附属小学校設
1913年　置
1947年　広島県三原女子師範学校附属幼稚園設
置広島県三原女子師範学校女子部附属
1951年　三原中学校設置
広島大学教育学部附属幼稚園・附属三
1966年　原小学校・附属三原中学校と改称
広島大学教育学部附属三原幼稚園と改
称
1978年　広島大学附属幼稚園・附属三原小学校・
附属三原中学校と改称

●教育理念

自ら伸びよ

●主な行事

・ピースプロジェクト（9年生）
・山の生活（7年生）
・大運動会（幼・小・中の全学年）
・年間を通した交流活動（年長・4年生）
・やっさまつり出場

●著名な出身者

溝手顕正（参議院議員）木川眞（ヤマトホールディングス会長）立岩文夫（元テレビ大阪代表取締役社長）山岡邦彦（元読売新聞社論説委員）杉原直樹（日鉄住金鋼板取締役）鈴木理加（元テレビ大阪アナウンサー）野々村聡子（元女子プロ野球選手）

●住所

〒723-0004 広島県三原市館町二丁目6-1
TEL：0848-62-4884 FAX：0848-60-0121

香川大学教育学部附属坂出小学校

香川県坂出市にある香川大学教育学部附属坂出小学校で今年6月、PTAが主体となって異色の「いじめ予防プログラム公開研究会」が開催された。教員、保護者、児童たちが一体になっていじめ対策に取り組もうというのだ。はやくも全国の学校から注目されている。

「PTAいじめ予防プログラム公開研究会」に参加する児童たち

樽本導和副校長

保護者主体のいじめ対策導入で全国に先駆けて研究会を開催

6月12日、香川大学教育学部附属坂出小学校で「PTAいじめ予防プログラム公開研究会」が開催された。鳴門教育大学大学院阪根健二教授と香川大学教育学部、全国国立大学附属学校PTA連合会の協力を得て、当日は150名の保護者が参加した。その目的はPTAが主体となっていじめについて学び、予防方法を考えることだ。今後は全国の小中学校で同様のプログラムを導入してもらえるように働きかけていくと意気込んでいる。

研究会ではまず、2016年末に東京で行われた国立大学附属学校における「いじめ防止等の対策のための協議会」の講演内容をベースに、附属小学校の樽本導和副校長がいじめ防止対策推進法の概要や坂出小学校におけるいじめ対策組織の現状を説明。そのなかで「当校ではいじめ防止基本方針を策定し、教員の間で共通理解をはかっています。また、ホームページ上に同様のものを掲載し、保護者の方々にも広く理解を求めています。さらに月に1度は『先生聞いて』カードを配布・回収し、子どもたちの悩みを把握する努力をしたり、スクールカウンセラーの方を定期的に招いていじめの早期発見、早期対応に努めたりしています」などと話した。

ついで、いじめ対策に児童たちが主体的に参加していることも報告された。

「児童会からは4月に、『昼休みを長くしてほしい』という申し出がありました。その理由をたずねたところ『長い昼休みを利用してみんなが楽しめるような全学年の縦割り活動をして、他学年とも親しくなることでいじめがなくなるような工夫をしたい』ということでした。このほかにも、児童会からの提案で、子どもたち自身が主催する行事がいろいろと行われています」（同）

　というわけで研究会の場には、児童会に所属する児童たちが実際に参加したそうだ。そして自分たちが企画運営したイベントについて保護者たちにも説明した。聞けば「最初に行ったのは6年生を送る会で、全校生が楽しめるようなゲームを行いました。その後、学校を好きになってもらおうと1年生を迎える会を開催しました。また昼休みを20分延長したロング昼休みという提案もしました。おかげで、クラスや学年を超えてたくさんの人と遊ぶことで、全校生徒が仲良くなりました。そのほかにも、ドッジボール大会やクリスマスパーティー、体育館を使ったお化け屋敷なども企画し、実際にやってみました」と。さすが坂出の児童会、目を見張るものが。

附属坂出小学校正門

保護者たちのグループ討議は“児童研究員”の参加で活発に

　つづいて鳴門教育大学の阪根健二教授による「いじめ防止対策推進法」を中心とした講演では、現在のいじめの法的定義などの講話があった。また、会議では保護者たち自身が自分は「いじめる」側と「いじめられる」側のどちらに近いと思うか、さらにいじめ研究のなかでもっとも注目度の高いLGBTに関する理解を問うアンケートなどが行われた。

　研究会の後半では保護者たちによるグループワークを実施。5〜6人ごとのグループをつくり「いじめのない学校をつくるために、私たち保護者ができること」をテーマに10分間の討議が行われた。そのなかで保護者たちは、「私たちがすごしてきた子ども時代とは、いじめに対する認識がずいぶん違ってきていることを自覚しないといけない」とか「自分たちの経験をそのまま子どもにあてはめないこと」などと議論をし、具体的には「やはり子どもの話をよく聞いたり、あるいは少しはなれた地区での習い事に通わせるなどして、学校が違うからこそ話せる友人をつくることも大事だ」といった自分たちなりの回答を導き出していた。

わが子と違う学年と出会い保護者たちが学ぶこと

　その後は同じグループで「いじめ防止」をテーマにA3サイズのポスターの作成、発表が行われた。こうしたグループワークの間、一部の生徒たちは「児童研究員」として保護者の様子を間近で“視察”し、討議にも参加。研究会終了後には保護者からは「学年によっていじめについて相談する相手は違うことを学んだ」とか「普段は交流のない学年の子どもたちと話すことができ、彼らが考えていることや思っていることが聞けてとても参考になった」といった感想があがった。

　そもそもこうした取り組みができたのは、やはりPTAのしっかりとした協力体制があるからだ。「附属坂出小学校は伝統的にPTAの方々が非常に協力的です。今回の研究会も、松韻会（附属坂出小学校のPTA会）が中心になって実施した」という。できれば「こうした保護者参加型のプログラムを、全国の小学校のPTAにパッケージとして提案したい」と前出の樽本副校長は意気込んでいる。

　全国的にいじめ問題が複雑化している昨今、この研究会は各地の学校からも注目を浴びることになりそうだ。

研究会では、保護者たちがポスター制作に取り組んだ

トピックス

隣接する県立高校の教員コースから学生が来訪

附属坂出小学校に隣接する香川県立坂出高校もまた、創立100周年を迎えた伝統校だ。実はこの坂出高校には「教育創造コース」と呼ばれる教員になるためのコースが存在しており、その創設には附属坂出小学校を有する香川大学が深くかかわっているという。

「香川大学と香川県教育委員会が一緒に取り組み、地元の学校の先生になりたい子を育てるためにつくったコースなのです」（前出の樽本副校長）

当然、〝おとなりさん〟という利便性を生かし、附属坂出小学校と坂出高校では盛んに交流を行っている。

「坂出高校の教育創造コースの生徒は、いつでも小学校に来ていいことになっています。実際、高校生たちが来ると子どもたちも喜びますし、教員になりたい高校生にとっても実際に子どもと接することのできるいい機会になっていると思います」（同）

双方の授業のスケジュールが合えば、「授業支援」として高校生が小学校の授業に参加することもあり、時折、制服姿の高校生たちが小学生たちに水泳や音楽を教えたり、家庭科の作業を手伝ったり、一緒に工作したりしているという。

「当校では子どもたちがいろんな年代の人たちと触れ合うことを重視しているので、校内での他学年との交流だけでなく、高校生たちとの触れ合いも重視しています。また最近は高校生だけでなく、香川大学の学生さんが学生ボランティアに来ることもあります。ときに学外の人たちとの交流は、子どもたちが普段は話せないことを口にできるチャンスにもなります。地域に開かれた附属小学校として、これからも高校や大学との交流をつづけていきたいですね」（同）

県立高校教育創造コースとの連携

香川大学教育学部附属坂出小学校
記載者　副校長　樽本　導和

1　概要

平成29年度より，将来，香川県の教育を担う人材を育成することを目的に香川県教育委員会と香川大学教育学部が連携し，県立坂出高校に「教育創造コース」を開設した。坂出高校は大正６年県女子師範学校に併置して開校。本校も大正２年県女子師範学校附属小学校として開校。同じ敷地で教員養成の使命を受け，幼，小，中，高の合同運動会など交流も盛んだったようである。その後，県立高校，香川大学附属学園とそれぞれ独立したが，敷地は現在でも隣り合わせである。ルーツは同じ女子師範であり，地の利もあり，この連携が実現した。

第１期生として40人が入学。本校での実習以外にも香川大学教育学部の教授による出前授業等で「先生」の仕事を学んだり，県教育委員会から，教員採用試験の話を聞いたりする等，教員養成に特化した授業内容を設けている。

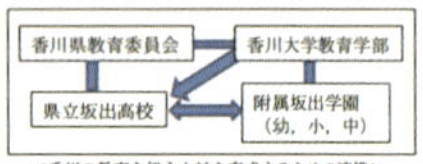

＜香川の教育を担う人材を育成するための連携＞

2　連携の実際

坂出高校と本校の教員が合同でプログラムを開発し実施している。初年度であり，活動時間，活動内容，振り返りシート等，連絡を密にしながらＰＤＣＡを繰り返している。

回	日時		活動内容
1	5/9	15:30-16:20	オリエンテーション（副校長，連携主任より）
2	5/16	11:45-14:00	授業参観，給食・歯磨き，昼休み，清掃の体験
3	6/13	10:45-13:10	学習支援（技能教科），給食・歯磨き体験
4	9/19	13:05-14:00	昼休みに坂高祭のブースを小学生に披露
5	11/7	15:30-16:20	附小フェスタ支援のオリエンテーション
6	11/14	11:45-15:00	附小フェスタ支援
7	2/6	10:45-13:10	授業参観及び学習支援

＜平成２９年度　年間計画＞

○ 5/16 授業参観，給食，歯磨き，昼休み，清掃の体験

＜授業参観＞

＜一緒に給食＞

＜一緒に昼休み＞

○ 6/13 技能教科学習支援

＜小１図画工作支援＞

＜小５リコーダー支援＞

＜小３水泳支援＞

○ 9/19 昼休みに坂高祭のブースを小学生に披露

＜スライムづくり＞

＜デコレーションキャップづくり＞

＜大きな絵本の読み聞かせ＞

＜読み聞かせ＞

3　成果と今後の展望

高校生の振り返りシートには「実際に子どもと接したり，本校の教員の指導を参観して教師になりたい思いが強くなった」との記述が多く。本校教員も一層やりがいを強めている。小学生も目を輝かせ，高校生が来るのを楽しみにしている。今年度の坂出高校説明会に参加する中学３年生の数も大幅に増えたとのことで，本校教員皆で喜んでいる。

高１で小学校を，高２，高３では幼稚園，中学校の教職も体験し，教職への志を更に高め，大学の教員養成課程へつないでいく必要がある。そのためのカリキュラムづくりを坂出高校と附属学園（幼，小，中）が一層，連携して進めていく。

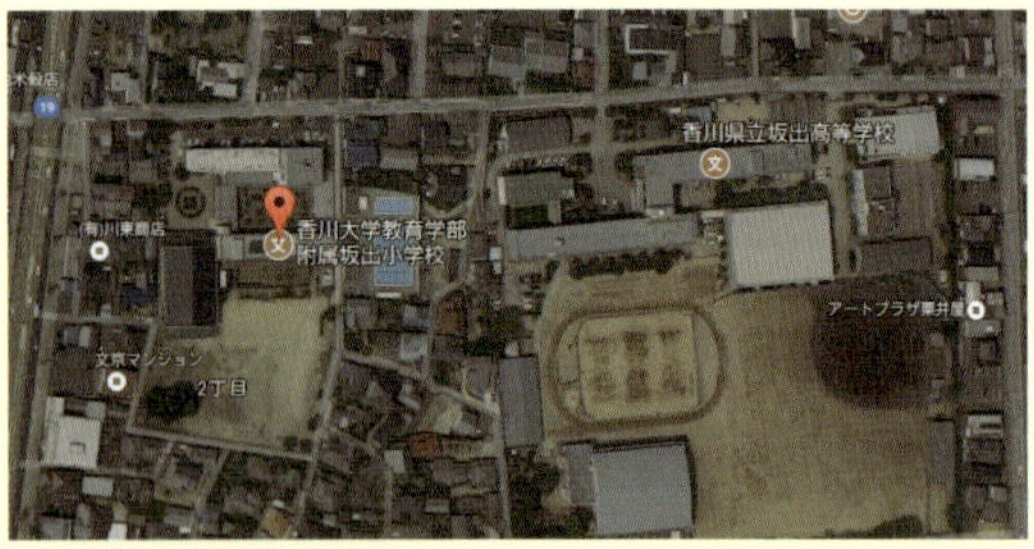

坂出高校と附属坂出小学校はぴったり隣接している

From OG・OB

3人の子どもも通わせた教育者の目から見た学校

2017年6月の「PTAいじめ予防プログラム公開研究会」でアドバイザーを務めた鳴門教育大学阪根健二教授は、1960年代に香川大学教育学部附属坂出小学校に通っていた。

「当時から、地域の中核の学校に通っているという意識はありました。また、『附属』ということがステータスになっているという気持ちもあり、学校に対する自負心がありました。将来なりたい自分をつくるために、その未来に向かえる自分を今からつくっていこう、という気持ちを子どもながらに持っていた記憶があります」

また阪根氏は、3人の子どもを附属幼稚園から中学校まで通わせた保護者でもある。子どもが幼稚園生だったときには、PTAの役員もしていたという。

「附属校の卒業生の多くは、自分の子どもを母校に通わせたいと考えます。それは、ここで育ったことで今の自分が存在しているという思いが強いからです。もちろん、入学するためには一定の学力もなければいけないし、くじ運もないといけませんが、それでも受験させようという気持ちに揺らぎはありませんでした」

そして、自身が坂出市立中学校で教員をしていた経験から、附属校の教員たちの働きぶりにもエールを送る。

「最近は教員という仕事に関して〝ブラック〟だといわれることが増えてきました。が、子どもたちのことをしっかりと見て、把握しようと思ったら、どうしても苦労は付き物なので、そのあたりのバランス感覚が重要になります。その点、附属校はバランス良く、子どもたちを見てくれている学校であるように感じています」

また卒業生として、保護者として、そして教育研究者として、阪根氏が考える坂出小学校の魅力は「地域に支えられていること」だという。

「坂出小学校は『地域のなかの附属校』という意識が非常に強い学校だと思います。もちろん親御さんのなかには進学面に魅力を感じている方もいると思いますが、それよりも地域のなかにしっかりと根づき、地域全体で子どもをフォローできる体制になっているかどうかのほうが重要です。その点、同校にはまさに地域と一体となって子ども支える風土や文化があると思います」

「いじめ予防プログラム公開研究会」で発表を行う阪根氏

DATA

●沿革

1913年	香川県女子師範学校の代用附属校によって発足
1962年	現校舎落成
1966年	香川大学教育学部附属坂出小学校と改称
1995年	平成7～8年度小学校教育課程研究指定校（文部省）
2000年	平成12～14年度研究開発学校指定（文部科学省）
2003年	平成15～17年度研究開発学校指定（文部科学省）
2012年	創立100周年記念式典挙行

●教育目標

「自ら追求し、共に考えぬく子ども」「心の美しい、互いに思い合う子ども」「健康で、たくましい子ども」

●主な行事

- 運動会
- 学年別ドッジボール大会（児童会主催）
- 修学旅行（6年生）
- 集団宿泊学習（5年生）
- 校内水泳大会
- 附小フェスタ（児童、保護者、担任が共に活動する参加体験型イベント）

●著名な卒業生

- 綾 宏（香川県坂出市長）
- 松尾 豊（AI研究者 東京大学准教授）
- 中野美奈子（元フジテレビアナウンサー）

●住所

〒762-0031 香川県坂出市文京町2丁目4-2
TEL 0877-46-2692 FAX 0877-46-5218

愛媛大学附属小学校・高等学校・特別支援学校

愛媛大学には、教育学部附属の小学校、中学校、幼稚園、特別支援学校、そしてもとは農学部附属で2007年までは農業高校だった附属高等学校が設置されている。大学との連携のみならず、附属学校園間の交流も盛んだ。

四季の風景が見られる校舎

左から、附属小学校玉井啓二副校長、附属高校彦田順也副校長、附属特別支援学校渡邊恵理副校長

大学との緊密な連携と附属校同士の横の連携

愛媛大学の附属学校は1883年に小学校が愛媛県師範学校附属小学校として開校し、1886年に幼稚園、1947年に中学校が開校。附属高等学校の前身となる愛媛大学附属農業高等学校は1900年に創立、2008年4月からは理数系全般や人文系にも分野を拡大し、附属高等学校としてあらたに開校することになった。愛媛大学教育学部附属特別支援学校の前身は、1967年に附属小学校内に、1969年に附属中学校内に設置された特殊学級。それらが1972年に愛媛大学教育学部附属養護学校となり、小学部、中学部、高等部を擁する形態となった(その後、07年に愛媛大学教育学部附属特別支援学校と改称)。

これら特別支援学校、幼稚園、小学校、中学校、高等学校までの5校は、愛媛大学とも連絡を密に取り合い、たがいに連携しているのが特徴だ。幼稚園、小学校、中学校までは同じ敷地内に校舎があり、大学も近い。高校の敷地はややはなれてはいるが、愛媛大学農学部とは近接、また愛媛大学にも往き来しやすい距離にある。

これら5校の連携には、さまざまな取り組みがある。たとえば小学校で行われている「土曜学習」(土曜日に行う、希望者を対象にした学習)という取り組みは、大学の協力があってのものだ。

「文部科学省では『土曜日の教育活動推進プロジェクト』を展開しており、その一環として土曜日に授業を行えるようになりました。そこで附属小学校では15年の秋から、不定期で『土曜学習』を実施しています。講師は、愛媛大学の先生方や同大の学生が中心です。先生方には、それぞれの専門分野の講座を担当してもらっています。たとえば、数学教育の先生には算数オリンピックで使われている問題を解く学習会をしてもらったり、家政教育の先生にはソーラークッカーで調理をする授業をしてもらったりしています。ほかにも愛媛の郷土料理である『醤油餅』を調理したり、藍染を体験したりしました」（附属小学校玉井啓二副校長）

この取り組みは、どのような成果をあげているのだろうか。

「子どもたちにとっては『豊かな学習の場』、授業を行う先生方にとっては『研究の場』、教育学部の学生にとっては『児童とかかわる場』となっています。また、本校の教員にとっては、『自主研修の場』にもなるのです。先生のなかには、実際にここでの研究結果を論文に利用した方もいます」（同）

高校生が小学生に プログラミングを教える

また「土曜学習」では附属校同士の交流も行われている。実際、プログラミングの授業では附属高校の生徒が「先生」役を務めている。

「愛媛大学ではヒューレットパッカード（HP）と協力して、附属高校で『21世紀型プログラミング授業モデル開発』という授業を行っています。その授業を受けた高校生が、附属小学校で学習用の簡単なソフト『スクラッチ』を使って子どもたちにプログラミングを教えるという授業を開いたのです」（附属高等学校彦田順也副校長）

このほど文部科学省から公示された2020年に完全実施となる次期学習指導要領において、小学校でのプログラミング教育が重要視されることが発表された。この動きに対して、どんな対策を取ろうかと準備に取り掛かっている学校もあるなか、愛媛大学附属の学校内ではすでにこうした取り組みを行っている。

特別支援学校の卒業生が 愛媛大学の環境整備に就労

同校のユニークな連携は、これだけにとどまらない。

「特別支援学校の高等部では、卒業生の就労支援に力を入れています。就職支援コーディネーターがさまざまな就労先や実習先を開拓していて、新規の受け入れ先を年々増やしていっています。就労後も職場を訪ねるなど、アフターフォローにも力を入れています。愛媛大学と連携した就労への取り組みのひとつとしては、愛媛大学環境整備室『愛CLEAN』があります。これは09年に発足した大学内の清掃を担う部署で、わが校の卒業生が多数働いています。就労にいたるまでの教育活動においても大学と連携し、働きながら学び、学びながら働くという、デュアルシステム型現場実習を実施し、そのつど改善してきました」（特別支援学校渡邊恵理副校長）

特別支援学校の津田山実習地・日常生活訓練施設「みかんの家」でも附属高校生との連携がなされている。さらにこの連携に両校の保護者や後援会も参加しているという。活動内容は、実習地のなかにある農園の整備や木の剪定、施設の清掃などだ。この連携と交流は約10年間続いており、たがいの理解を深める機会になっている。

一方、附属高校が08年に普通科高校に変わってからは、愛媛大学で行われている講義に高校生たちが出席し、高校での単位と大学での単位を二重に取得できる制度を全国で初めて取り入れた。

「毎週木曜の1限目は高校生たちが愛媛大学におもむき、大学生と一緒に授業を受けています。おかげで目的意識を持って大学進学をする生徒が増えました。また現在、愛媛大学は地元からの進学率が3割程度とあまり高くないので、附属高校から愛媛大学への進学を促し、リーダーになり得る人材に育ってほしいと思っています。高校と大学での二重単位の制度はアメリカやカナダなどでは行われているのですが、まだ日本ではわが校だけが実施しています。現在はその単位が有効なのは愛媛大学だけなのですが、四国内の大学でも有効になるように、働きかけているところです」（前出の彦田副校長）

特別支援学校での、清掃業務の実習の様子

トピックス

大学の教員が個人指導をする高大連携プログラムの成果

愛媛大学附属高等学校では、学びに対する高いモチベーションや地域を担う意欲を培い、たしかな学力と生きる力を育むことをモットーとしている。そのため、愛媛大学と連携して、さまざまな取り組みを行っている。そのひとつが「高大連携教育プログラム」だ。

「1週間に4時間から5時間、高大連携教育プログラムの時間が設けられています。各学年で授業内容は異なり、1年生の『伊豫学』『地域の産業』では愛媛の歴史や産業など、地元をしっかりと学ぶことが目的となっています。また、2年生では『グローバルスタディーズ』と『異文化理解』の授業があり、3年生では『課題研究』と『リベラル・アーツ』があります。こうした授業を通して自己を探求し、大学を感じてもらいたいと思っています」（前出の彦田副校長）

「グローバル」を掲げた教育においては、逆説的に「高校生のうちに正しい日本語を身につけることも重要」という思いを持っているという。

「正しく日本語が使えないと、第二言語もうまく学べません。当校では文章を書く力、コミュニケーション能力というものは、高校までに身につけておくものだと考え、授業を展開しています。その結果、当校の生徒たちは卒業までにしっかりとしたレポートを書いたり、プレゼンをしたりすることができるようになるのです」（同）

高大連携教育プログラムに参加する高校生は真面目そのもの。熱心に勉強に取り組むため、ときには大学生よりも優秀な論文を書く生徒もいるという。

「3年生の課題研究では、生徒たちがそれぞれ興味関心のある課題をテーマに選び、愛媛大学の各学部の教員の研究分野とマッチングさせて、マンツーマンの指導を受けます。こうした経験を高校のうちにしておくことで、大学入学後の学びにも、はっきりとした成果があらわれると思います。また、愛媛大学には著名な研究者が数多く在籍しています。そうした専門分野の先生方の指導を受けることで、自分がどんな分野に興味があるのか、どんな道に進むべきなのかを高校3年間で見つけられる生徒が増えているんです」（同）

こうした取り組みが奏功し、地域の活性化に興味を持ち、高校在学中に、内閣官房まち・ひと・しごと創生本部主催「地方創生☆政策アイデアコンテスト2016」で優秀賞を受賞した生徒もあらわれた（次頁に詳細は掲載）。これも、高大連携教育プログラムの成果のひとつといえるだろう。

緑豊かな附属高等学校の構内の様子。開放的な空間で、大学の協力も得て高いレベルの学習に臨む

From OG・OB

ご当地アイドル活動を応援してくれた先生たち

２０１７年に愛媛大学附属高校を卒業し、現在は慶応義塾大学総合政策学部に通う佐藤 瞳さんは、小学校、中学校から附属生だった。しかし、かならずしもその流れのままに高校を選んだわけではないと話す。

「中学校のとき、県内の複数の高校の先生が来て、各校について説明会がありました。そのときに愛媛大学附属高校の先生が『今の大学生の多くはなんのために大学に通っているのかがわかっていない。だからこそ、高大連携教育プログラムを通して、目的意識を持って大学進学する人を育てたい』と話していたことに感銘を受けて進学をきめました」

実際に高校に通ってみると、授業がほかの学校と比べて特徴的であることをあらためて実感したという。

「愛媛大学のさまざまな分野の教授が講義をしてくれる授業があり、それが本当に魅力的でした。また、１学年の定員も１２０人と他校と比べるととても少ないため、先生が一人ひとりの夢や目標を応援してくれました」

実は佐藤さんは、中学３年生のときから愛媛のご当地アイドルとして活動していたという。それを学校はどう受け止めてくれたのだろうか。

「高校入学時に母親と一緒に学校に呼ばれたんですが、生徒指導の先生と副校長先生が、学業と両立することを条件にアイドル活動を認めてくれたのを今でも覚えています。あのときに頭ごなしに辞めるようにいわれず、私の夢と将来のことを両方考えてくれた先生方には本当に感謝しています」

そうした応援を受け、佐藤さんはアイドル活動をしながら成績優秀者として表彰もされ、また高校３年生のときには「地方創生☆政策アイデアコンテスト２０１６」の優秀賞も受賞した。

『産業科学基礎』『産業社会と人間』という授業（現在は『伊豫学』『地域の産業』の名称になっている）があって、そこで自分が地方創生に興味があることに気づき、この分野をきわめたいと思いました。ご当地アイドルとしての活動からの気づきを生かしてアイデアを考えたのは私ですが、先生方はエクセルを使って裏付けするグラフの作り方やデータの使い方を教えてくれました。高大連携教育プログラムの講義の後、毎回感想をＡ４用紙の裏表にたくさん書くのですが、そこでかなり『考える力、まとめる力』が鍛えられ、それもコンテストで生かされたんだと思います」

「地域創生☆政策アイデアコンテスト2016」優秀賞受賞時、松山市長を表敬訪問した佐藤さん

DATA

●沿革

[小学校]
1883年　愛媛県師範学校附属小学校開校
1951年　愛媛大学教育学部附属小学校へ改称
[特別支援学校]
1967年　愛媛大学教育学部附属小学校に特殊学級1学級設置認可
1969年　愛媛大学教育学部附属中学校に特殊学級1学級設置認可
1972年　愛媛大学教育学部附属養護学校設置認可
2004年　国立大学法人愛媛大学教育学部附属養護学校設立
2007年　国立大学法人愛媛大学教育学部附属特別支援学校へ改称
[高校]
1900年　愛媛県農業学校設立
1918年　愛媛県立松山農業学校に改称
1956年　愛媛大学農学部附属農業高等学校へ改称
2008年　愛媛大学附属高等学校に改組

●教育目標

[小学校]
「自己を拓き、ともに生きる児童の育成」
[特別支援学校]
「たくましく生きぬく力の育成～すべての子どもの自立、社会参加、就労の実現を目指す～」
[高校]
・自分のあり方や生き方を考える習慣を育むとともに目標を達成するために継続して努力する生徒・学びに対する高いモチベーションと、地域を担う人材になるという意欲を持つ生徒・多様な文化に接して豊かな感性を育み、それを自己形成に役立てる生徒・他者に共感し、他者を尊重する心を育み、協力し合って社会を築こうとする生徒

●主な行事

・自然の学校・学校祭（特別支援学校）・えみかバザー（愛媛大学えみかショップにおいての販売活動）（特別支援学校）・宿泊学習（特別支援学校）・課題研究成果発表会（高校）・どろりんピック（高校）

●著名な卒業生

藻利重隆（一橋大学名誉教授）
関谷勝嗣（元衆議委員議員）

●住所

[小学校・特別支援学校] 〒790-0855 愛媛県松山市持田町1-5-22 TEL：089-913-7861（小学校）FAX：089-913-7862（小学校）TEL：089-913-7891（特別支援学校）FAX：089-913-7892（特別支援学校）
[高校] 〒790-8566 愛媛県松山市樽味3-2-403丁目2番40号 TEL：089-946-9911 FAX：089-977-8458

熊本大学教育学部附属特別支援学校

熊本大学教育学部附属特別支援学校では、「卒業のない学校」として卒業生に対しても継続的な就労支援や相談などを実施している。また、障害を抱えた生徒たちが主体的に社会参加できるような独自のカリキュラムを構築している。

熊本大学教育学部附属特別支援学校校舎

瀬田理先生

熊本大学独自のシステムで児童のキャリア発達を支援

熊本大学教育学部附属特別支援学校の起源は、1950年に編成された附属小学校の特殊教育実験学級だ。その後、知的障害を持つ児童・生徒を対象に、一人ひとりの教育的ニーズに合わせて適切な指導や支援を行うことを目的とした附属校となった。2017年現在までに小学部から約500人が卒業している。

その特徴は保護者や地域社会、熊本大学、同大学教育学部との連携を重視し、小学部から中学部、高校部まで一貫性のある教育を行うこと。

さっそく、その校舎を訪ねてみると、象やキリン、虹、太陽などを大胆にコラージュした壁画アート（体育館の壁）が目に入る。そこから漂う明るく元気な雰囲気は学校中に広がっており、職員や生徒はもちろん、その保護者たちまですれ違いざまににこやかに挨拶を交わしていた。

敷地の奥には屋外プールや宿泊実習が可能な生活訓練棟「すずかけの家」があり、芝生で覆われた広い運動場には同校のシンボルとなっている大きなすずかけの木が生徒を見守るように立っている。

そんな熊本大学教育学部特別支援学校の教育の特徴は、同校の校長でもあった干川隆教授が構築した「熊大式授業づくりシステム」にある。段階的ミーティングシステムを導入し、児童生徒のキャリア発達の支援に体系的に取り組むシステムだ。

「個別の教育支援計画を作成するため、まずは子どもの夢や希望を語る『支援者ミーティング』を開催します。そして生徒一人ひとりの夢を設定し、それを支援するためにどんな教育を行っていくのかを家庭と学校で話し合っていくのです。その後『課題解決ミーティング』では具体的な目標を設定し、『授業ベースミーティング』では独自開発をしたPDCAシートに合わせて授業を実施します。このようにプロセス重視のミーティングを経て、生徒の個性を重視するカリキュラムをつくり上げるようにしています」（附属特別支援学校　瀬田理先生）

　もちろん、社会生活のための準備も万全。生徒たちが社会生活に円滑に移行できるようにするため、「コミュニケーションの学習」という特設授業を設けている。「コミュニケーション能力の育成」をはかるためだ。

　「この授業では『人の行動を模倣できる』などといった基礎理解・行動から『自分のしたい活動を選択して伝えることができる』などといったコミュニケーション能力についてアセスメントし、社会性を身につけることができるように児童生徒の実態に応じた段階的な教育をしています。また昨年からはアクティブ・ラーニングの視点を取り入れ、ロールプレイをしながらソーシャルスキルを磨くといった取り組みも展開しており、今年はさらにその方針を深堀りしていきたいと考えています」（同）

実習受け入れだけでなく、サークル・ボランティアなども連携

　敷地を共有する熊本大学との連携は、教育学部の特別支援教育学科を中心に大学と全体的に行っており、教育実習の受け入れやサークル、ボランティア活動も実施している。

　「大学には『愛ｗｏｒｋ』という障害者雇用チームがあり、本校の卒業生が在籍し、大学内の清掃業務や事務業務を行っています。高等部の授業では『愛ｗｏｒｋ』の職員（卒業生）から清掃業務を学ぶデュアルシステムの実践にも取り組んでいます。卒業生の働く姿を間近に見ることで生徒たちの働く意欲や憧れにつながっています。また今年度は次期学習指導概要を見据え、『熊大式授業づくりシステム』により目標や教育的ニーズを前提として、どのような力を育んでいくべきなのか、そのためにはどのような教育課程や授業の改善が必要なのかなどについて研究しています。今年度は、特別支援教育学科のほかに各教科の先生方との共同研究に取り組んでおり、小学、中学、高等部それぞれの研究授業に1～2名の先生がかかわり、全体で10名が参加してもらっています。大学全体の取り組みとして共同研究を行い、地域に発信できるような仕組みもつくっていきたいと思っています」（同）

　取り組む内容は、児童・生徒の資質・能力を育て伸ばすためのコミュニケーション力や生活し働くための「知識・技能」を身につけること、発想・課題解決などに関する「思考力・判断力・表現力等」を養い、自己実現に向かう態度や共生社会で生きる態度に関する「学びに向かう力・人間性等」を育てることなどだ。

　そして昨年度は文部科学省が進める「キャリア教育・就労支援等の充実事業」を受託。小学部段階からキャリアステージが一般的に安定するといわれる卒業10年後までを視野に入れた教育プログラムを構築した。

　「『卒業のない学校』としてのキャリア教育のあり方を教育プログラムに落とし込みました。そのなかでもっとも大切にしているのは、卒業後もしっかりと一人ひとりの生徒をフォローしていくことです。その一環として本校には『すずかけの会』という同窓会組織があり、年に4回活動をしています。保護者も含めた約1000名の卒業生名簿もつくっており、支援学校での運動会や文化祭へのお誘い、卒業生、保護者、職員（元職員含む）での1日旅行なども行われています。新年会では、新成人や還暦を迎えた卒業生を含め、毎年200名程の参加があります」（同）

　まさに「卒業のない学校」、このコンセプトを見事に体現している。

サービス業務の作業学習に臨む生徒たちの様子

コミュニケーションの学習として、生徒同士でさまざまなことに挑戦する

トピックス

資料を作成・研究しながら「卒業のない学校」をより具体化

就労支援相談窓口「就労サポートすずかけ」を昨年度より開設、地域の学校等も含め就労等に関する悩みや相談に応じ、地域の福祉・労働・企業等関係機関と連携しながら幅広いフォローアップをする体制を整えた。これでたとえ職員が変わっても卒業生が安心して相談できるようになった。

「『卒業のない学校』というだけでは、卒業後にどれだけサポートするのかがわかりにくいと思います。そこで昨年からは『支援者ミーティング』の手法を卒業時、就労後にも取り入れるとともに、卒業後3年、6年、10年と定期的にフォローアップする仕組みを構築しました。これで安心して卒業し就職できる仕組みになったと思います。またこのシステムの稼働によって、卒業生の動きがわかり、在校生にもそのまま伝えることができるようになりました。おかげでカリキュラムとして足りない部分はないかなど、就労前の段階で問題点を整理してアプローチできる体制をつくることができるようになりました」（前出の瀬田先生）

ところで、こうした事業を推進するために、同校では教育・福祉・企業等関係者からなる就職支援ネットワーク会議を設け、就職支援コーディネーターを配置している。会議では、学校の教育活動についての意見交換や生徒の現場実習などについての話し合いがなされている。

こうした試みによって「いろんな人や物と接することが、子どもたちの成長に欠かせないということがあらためて浮き彫りになりました。キャリア教育とは何かについて、大いに勉強になりました。これはまた、次期学習指導要領で示されている『社会に開かれた教育課程』に深く関係するものだと思います。今後の特別支援教育に大いに生かすことができる内容だったと考えています」と瀬田先生。

あらたな特別支援学校にチャレンジしていく、その気風、気概が熊大教育学部附属特別支援学校にはある。

創立50周年を記念して制作された、児童・生徒の絵画作品がコラージュされた体育館の外壁

From OG・OB

「自分でやれることはやる」意識を変えた高等部での学習

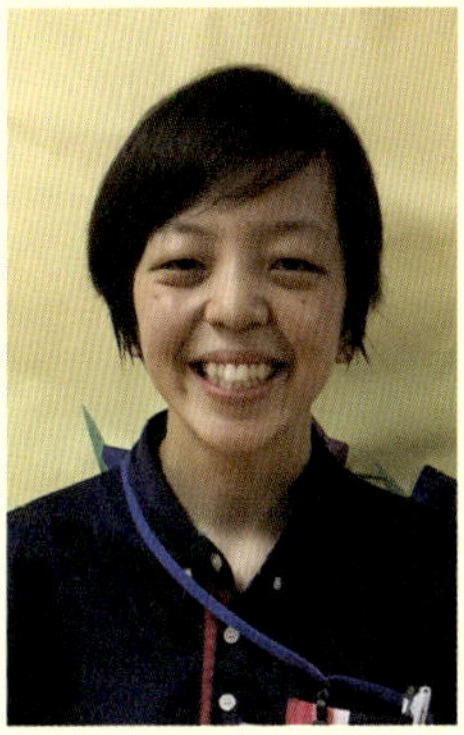

卒業生の大宅さん

「人前で何かを発表することが好きな子だったので、班長や文化祭の実行委員長を務めたり、2年から3年にかけては生徒会長を務めたりしていました。先生たちがそういうチャレンジ精神やチャレンジする機会をつくってくれたのです。人前で話したりすることで、本人も少しずつ自信をつけることができていったように思います」と話すのは2016年度卒業生である大宅杏佳さんのお母さん。

自閉症ということで中学時は地域の特別支援学級に在籍し、周囲から「お世話をされることが多かった」という。が、この熊本大学教育学部附属特別支援学校に入ることで「自分でやれることはやる」という意識にだんだん変わっていったという。

「保護者や熊本大学の学生さんが協力して、文化祭やサークル活動に積極的に参加するのも良かったです。ジャンベ（西アフリカの太鼓）のサークル活動に参加していたのですが、学生さんたちが隔週で教えに来てくれました。また、夏休みのプールでは見守り役を務めてくれたり、文化祭のときにはお手伝いもしてくれたので、子どもたちにとっても非常に刺激になったと思います」（同）

もちろん、先生たちのフォローも素晴らしかったという。

「昨年の熊本地震のときには、先生方が自分たちも大変なのに見回りに来てくれました。私は娘を自分の職場に連れて行って仕事をしていたのですが、そこにも先生がお見えになったのです。おかげで、子どもたちの不安がだいぶ解消されたと思います」

杏佳さんは現在、支援学校のすぐ近くの老人ホーム・介護施設で清掃の仕事をしているという。

「3年生のときに実習をさせてもらっていた場所で、仕事をしていくうちにそこで働きたいという気持ちが強まっていったようです。先生も娘がキレイ好きで、任された仕事をしっかりとやる性格に合っている、と背中を押してくれたので、安心して送り出すことができました」

また、かつて熊本大学『愛ｗｏｒｋ』で働く卒業生と一緒に大学内の清掃業務を行う「愛ｗｏｒｋジュニア」として実習したことも仕事先では役立っているそうだ。

「モップの扱い方、ゴミの分別などを学べたのが今の仕事に生きているようです。またイベントという点では、子どもたちがカフェ業務の体験をしていたことが印象に残っています。自分たちでおいしいカップケーキをつくり、イキイキと働いているのを見て、将来、自分の娘もこんなふうに働いてほしいと感じました」

学校での経験が働くことや就職に無理なく結びついていく。まさに段階的な成長を促すカリキュラム体系となっている。

DATA

●沿革

1950年　熊本大学教育学部附属小学校に特殊教育実験学級として発足
1965年　熊本大学教育学部附属擁護学校として独立
2001年　文部科学省「次世代ITを活用した未来型教育研究開発」指定
2007年　熊本大学教育学部附属特別支援学校へ校名変更
2010年　文部科学省「特別支援教育総合推進事業」指定
2010年　平成22年度優良PTA文部科学大臣表彰受賞。
2014年　文部科学省「特別支援教育に課する実践研究事業」指定
2016年　文部科学省「キャリア教育・就労支援等の充実事業」指定

●教育理念

「子どもの学びを基盤とする教育」の創造

●同校の使命

(1) 国や地域の期待する先導的・実践的な研究の推進 (2) 地域の教育力向上への貢献 (3) 質の高い教育実習提供など学部学生の実践力向上

●主な行事

・入学式（4月）・運動会（5月）・オープンスクール（中学部・高等部＝6月）・修学旅行（高等部＝7月／小学部・中学部＝10月）・すずかけ祭り（11月）・卒業式（3月）

●進路状況

就職＝50%　各福祉施設等＝50%　※過去5年間において

●住所

〒860-0862 熊本県熊本市中央区黒髪5丁目17番1号
TEL:096-342-2953　FAX:096-342-2950

地域の新人材を育てる新一貫校
「義務教育学校」の役割

いま、全国の国公立校で「義務教育学校」が増えつつある。
義務教育学校とは、小学校と中学校の「6年・3年」の枠組みからはなれ、
9年間を一貫して担う学校を指す。従来の学習カリキュラムにとらわれることなく、
地域や子どもたちの実情に合わせた制度設計が可能となり、
小学校から中学校への進学時に発生する「つまづき」をなくすことができると期待されている。
2016年度より制度化され、義務教育学校、文部科学省の17年9月5日に発表よれば、
17年度にはあらたに26校の国公立義務教育学校が新設された。
すでに国立大学附属校のなかには、この新しい学校制度に取り組んでいる学校がある。
偏差値重視から学ぶことで成長していく「教育値」を大切にする教育へ。
地域創生が取り沙汰されている今日、「義務教育学校」がはたす役割りは大きい。さっそく紹介したい。

京都市は北区に立つ、京都教育大学附属京都小中学校

垂井由博副校長

京都教育大学附属京都小中学校

京都教育大学附属京都小中学校は、その名の通り小学校と中学校がつながった一貫校だ。また、同校は子どものためになる教育の形を模索し続け、義務教育学校にもなったという。その経緯や取り組み内容について紹介したい。

知識の積み上げではなく 真の〝生きる力〟をはぐくむ

「従来の教育は知識の積み上げが重視される傾向にありました。しかし、私たちは子どもたちに社会人になったときに活用できる真の力、つまり〝生きる力〟を身につけてほしいと考えているのです」

附属小中学校の垂井由博副校長はそう話す。そしてここでいう生きる力とは「コミュニケーション能力や発想力、忍耐力、実行力などを意味します」とつづける。

京都教育大学の附属学校である同校は、14年間におよぶ小中一貫教育システムの成果を基盤に、２０１７年4月からは国立大学法人附属学校ではじめて「義務教育学校」に移行した。その校風はきわめて自由闊達。子どもたちの自主性を尊重し、勉学のみならず生徒主体の生徒会組織（学友会）や多種多様な年間行事を通じて、生徒の生きる力を育成している。

模索の末に行き着いた 小中一貫教育という形

小学校の前身である京都府師範学校附属小学校が創立されたのは１８８２年。その後、１９４７年に中学校の前身である京都師範学校男子部附属中学校が開校した。小中一貫教育に着手しはじめたのは02年度のこと。「生きる力」を育てるとして、10年4月より小中一貫校としてあらたなスタートを切ったという。

「小中一貫となったことで、子どもたちは『小中の壁』に悩まされることがなくなった」（同）という。たとえば、小学校での学級担任制から中学校以降の教科担任制への以降もひとつの壁になっていたが、この違いに適応できない子どもの数が激減したそうだ。それだけではない、小学校から中学校への子どもの“引き継ぎ”もうまくいくようになったという。おかげで子どもたちは小中のギャップに戸惑うことがなくなったそうだ。

　同校が採用したのは、初等部4年、中等部3年、高等部2年の「4・3・2区分制」だった。そして、初等部では学級担当制を基盤にしながら基礎・基本の徹底を、中等部では学級担任制を元に教科担任制を取り入れ一人ひとりの学力の定着を、高等部では教科担任制を基礎に個々の興味・関心や能力に応じた個性の伸長をはかっているという。

「この制度のおかげで、子どもたちは環境ストレスを感じることなくノビノビと成長しています。実際、一貫教育に変えてから、小中ギャップによる不調を起こす生徒がほとんどいなくなりました」(同)

　そして、同校は17年には全国の国立大学附属学校で初となる「義務教育学校」になった。義務教育学校とは小中一貫教育をさらに推進するために、小学校・中学校の枠組みを除いた9年制の学校として制度化された新しい学校種で、「9カ年の教育カリキュラムを学校設置者の判断で、ある程度柔軟に編成できる」というものだ。一般的なカリキュラムでは、たとえば小学校のときの「算数」が中学校で「数学」になり、「図工」が「美術」や「技術」になるが、概念の変わる教科においてはとくに、生徒たちの思考がスムーズに移行できない場合がある。その点、義務教育学校では学校側のノウハウにもとづいて教育カリキュラムを作成できるので、生徒にはより最適なタイミングやアプローチで知識を提供することができるのだ。

「当校では科学的思考力を養うために、イギリスで生まれた『CASEプログラム(科学的思考力育成プログラム)』を取り入れています。学校都合の詰め込み式のカリキュラムではなく、真の思考力を鍛えるための教育方法であり、今のところ生徒たちの反応も上々です」(同)

行事こそ人を育てる教育の目玉になる

　行事に力を入れているのも同校の特色のひとつといえる。

「学習のために行事を縮小する学校も増えていますが、行事こそ人を育てる教育の目玉です。当校では行事を削らず、9カ年で効果的に配置しています」(同)

　たとえば、同校では体育祭にあたる「紫翔祭」や合唱コンクール、本格的な遠泳を体験する「臨海学舎」、登山を体験する「林間学舎」などを定番行事として開催している。そしていずれの行事においても徹底して生徒の自主性を尊重しているという。学校によっては先生がクラスをまとめて行事に臨むケースもあるが、同校においては合唱コンクールのように勝敗がついてしまうような行事に関しても、生徒が自分たちで考え、目標を立て、練習を重ねゴールを目指すという。

「一番でなくても、失敗してもいい。とにかく試行錯誤しながら子どもたちに『自分の力でやれたんだ』と思ってもらうことが大事なのです」(同)

　また、行事によって参加対象となる学年を変えることで、より効果的に生徒の成長を促しているという。たとえば、紫翔祭と呼ばれる体育祭には9学年すべてが参加するが、“たてわり遠足”は1～6年生、合唱コンクールは5～9年生というように、対象学年の組み合わせをさまざまに編成している。そうすることで、生徒たちはそれぞれの行事に、ときにはビギナーとして、ときにはリーダーとして参加することになるのだ。

「そうやってさまざまな立場を経験することで、生徒たちはさまざまな立場の人たちの気持ちを知り、思いやりの心を持つことができるようになります。当校ではこのようにして生徒の社会性を育成しているのです」(同)

　まさに小中一貫教育ならではの教育方法。固定概念にとらわれない教育が、生徒たちの生きる力を育んでいるようだ。

ノビノビと積極的に授業に取り組む児童たち

トピックス

英語学習だけの交流ではない タイ国立学校との姉妹校提携

タイの生徒とふれあう

日本文化を通じたコミュニケーションも行う

附属小中学校では、英語教育にも力を入れている。1年生から9年生まですべてに「英語科」があり、なんと1年時からALT（Assistant Language Teacher）によるオールイングリッシュの授業を行っているという。主眼は「そうやってはやい段階から本物の英語に慣れさせ、英語によるコミュニケーション能力を身につけさせるため」だ。

さらに、同校はタイにある国立アユタヤ大学附属中高等学校と姉妹校提携を結び、毎年20名の代表生徒を相互に1週間、相手校に派遣している。それにしても、英語学習のための交換留学であれば、欧米など英語圏の学校と姉妹提携を結ぶことが多いが、同校はなぜタイの学校を選んだのだろうか。

「タイも日本も自国語を持ち、英語学習には苦労している者同士です。双方の生徒が苦労している者同士だからこそ、かえって英語でコミュニケーションをとろうと必死に歩み寄り伝えようとする。それが大事なのです。たんに英語力の向上のみならず、コミュニケーション能力や意欲を高めるための交換留学なのです。また、アジア諸国はこれからグローバル社会において存在感をますます示すようになるので、はやい段階から生徒たちにアジアとの接点を持ってもらいたいという思いも抱いています」（前出の垂井副校長）

タイに派遣するのは8年生だが、タイから来る生徒たちを受け入れるのは5～9年生たちだ。その際には1年時から培ってきた英語力を発揮して、語学学習だけでなく、異国の文化を学び、相互に理解し、尊重し合うという貴重な経験を積むという。グローバル化が進む社会にあって、こうした教育はますます重要になってくるのではないだろうか。

From OG・OB

懐かしく思い起こされる 山紫水明の地の学び舎

茶を広めるべく、世界で活躍する千 玄室氏

私が京都師範学校附属小学校に入学したのは、1930年（昭和5年）です。世間からはエリート学校と目され、その期待に反せず多くの逸材を輩出しています。

附属小学校の生徒は、①つねに明朗快活②礼儀正しく③学を修じ身体を鍛えることを求められ、これを主に多くのことを学ばせてもらいました。京都中の優秀な子どもの集まりであるだけに、その教育は相当厳しいものでしたし、クラブのサッカーでもずいぶん鍛えられました。私は水泳も得意でしたので、福井県の日本海に面する高浜での臨海学校が毎年楽しみであり、4年生で黒帽、6年生で黒帽に白線が入り補佐の指導員にもなり、中学では水泳部に入るほどになっていました。

ただ、3～4年生の頃は相当いたずらもしたので、先生に「日本一行儀の良い家の息子がそんなことでどうする」などといわれたものでした。また同級生からは「将来はお茶の家元を継ぐのだから良いなァ」と、ある意味のいやみをいわれたりもしました。

中学進学時も、府立中学を目指し友だちと勉強に励んでいましたが、千家と新島襄先生との関係から父に同志社に進学するようにいわれ、相当抵抗したものの、結局、泣く泣く同級生と別れました。

当時、校門近くには香りの良いキンモクセイの木があり、「あァ、これがわれわれの学校の匂いだ」と感じたものでした。また、鴨川の支流が流れる堀川が近く、その清き流れで染め友禅の川さらしをするため、川面の水の色がとりどりの鮮やかさになったものです。そして夏の夕には蛍も舞うような山紫水明の地に、学び舎があったのです。

当時の附属小学校で学ぶことができたのは、私の誇りです。しかし多くの同級生は、先の大戦で亡くなってしまいました。戦争に生き残り94歳になった今も、附属小学校の前を通ると子どもの頃の思い出が走馬灯のように蘇り、友の顔が浮かび、しばしその思いにひたります。

※以上の文は同校卒業生であり、裏千家第15代・前家元、千玄室大宗匠による寄稿です。

DATA

●沿革

1882年	京都府師範学校附属小学校創立
1947年	学校教育法施行に伴い、京都師範学校男子部附属小学校と改称 [中学校]京都師範学校男子部附属中学校として、同附属小学校内に開校
1949年	京都学芸大学設立に伴い、京都学芸大学京都師範学校附属小学校／同中学校と改称
1951年	京都師範学校廃止、京都学芸大学附属京都小学校／同中学校と改称
1966年	京都教育大学附属京都小学校／同中学校と改称
2010年	小中一貫教育学校として、京都教育大学附属京都小中学校と公称
2017年	義務教育学校へ移行。

●教育理念

「未来の社会に躍動する人材の育成」

●主な行事

・たてわりグループ活動、植物園遠足（1～6年）・タイ国際交流（5～9年）・紫翔祭（体育祭／1～9年）・紫友祭（文化祭／1～9年）

●著名な卒業生

伊丹十三（映画監督、エッセイスト）／影山日出夫（元NHK解説委員）／前原誠司（政治家）／堀場厚（堀場製作所社長）／鷲田清一（哲学者）／大倉治彦（月桂冠株式会社社長）

●住所

◯東エリア
〒603-8163　京都市北区小山南大野町1
TEL:075-431-7131　FAX:075-431-7133
◯西エリア
〒603-8164　京都市北区紫野東御所田町37
TEL:075-441-4166・4167　FAX:075-431-1827

附

福井大学教育学部附属義務教育学校

福井大学教育学部附属義務教育学校は、全国でも珍しい義務教育学校だ。今年度より学年制を変更し、あらたなスタートを切ったばかり。1885年（明治18年）からの歴史を持つ同校が、なぜ、この制度に挑戦したのか。その理由を聞いてみた。

福井大学教育学部附属義務教育学校正門より

牧田秀昭副校長

小中一貫の義務教育学校で生徒が取り組むプロジェクト

福井大学教育学部附属義務教育学校は、2017年度より学年制を1〜9年生に変更し、あらたなスタートを切った。同校の特色は「プロジェクト型学習」「福井大学との強い連携」「9年間一貫したカリキュラム開発研究」「グローバル教育の推進」など。その点について、牧田秀昭副校長は「当校では福井大学と連携して伝統的にやってきたことと、その伝統を発展させたものを融合し、革新を生み出そうとしています」と話す。

伝統とは簡潔にいうと「先輩の文化を超える」ことだと、牧田副校長は説明する。

そして「在校生の間に『先輩の姿を見て、習って、超えていこう』という姿勢がさまざまな場面で見えます。その最たるものが、プロジェクト型学習です。生徒たち自身がテーマをきめて、解明のためにさまざまなアプローチをするのです。そしてその成果を学校祭や修学旅行などで発表し、そこでまた意見をもらって、また練り上げていく。これがまさに伝統の礎になっています」と。

同校の「学年プロジェクト」、通称「学P」は後期課程（7〜9年生）の3年間において、1学年が揃ってひとつのテーマについて研究をしていくというもの。テーマは7年生春の合宿にはじまる学年討論によってきめられ、これまで「テレビ」「日本文化」「笑い」など多様なテーマにチャレンジし、各学年が3年間、調査、発表、研究を繰り返してきた。

「7年生になったらまず、学Pでこの学年はどんな学年になりたいかを徹底討論します。めざす学年の姿を5～6時間かけて学年全体で討論することが、今後どのようにしてプロジェクトを進めていけばいいか、どうするかということにつながっていくのです。テーマ設定はその次です」（同）

テレビ局の撮影現場に取材に出向く学年も

生徒たちは3年間にわたってテーマ研究を続け、定期的に人前で発表を行う。そこで教員、保護者、卒業生たちから批評を受けて、その精度を高めていく。たとえば「テレビ」をテーマとした学年では、自分たちでテレビ番組をつくることに。学校が体育館をリニューアルするタイミングだったため、報道班は卒業生に旧体育館の思い出を取材し、バラエティ班は紙飛行機大会を開催し実況中継を実施した。生徒たちはカメラマンやアナウンサーとなり、地元の福井テレビのアナウンサーを招いて勉強会を開いたり、テレビ局の現場に調査に行ったりした。修学旅行先では、学Pの学習過程を「創作音楽ドラマ」にして発表したという。

また、9年生の大事な行事として、各クラスによる文化祭での演劇発表がある。学Pを通して学んだテーマ設定、議論、反省、進行、まとめる力などあらゆる経験を投入し、生徒たちは監督、脚本、演出、キャスト、照明、衣装、道具制作などすべてを自分たちで行う。

「生徒たちの力で、1時間の演劇をすべてつくり上げていきます。9年生ともなると、声の出し方や演じ方などではなく、『演劇のテーマは何か、このクラスの舞台では何をいわんとするか』を第一に考えるようになるのです。下級生たちはもちろん、卒業生も観に来ることが多く、『今年の9年生はなかなかやるなぁ』といった感想を残していきます」（同）

生徒が生徒に教える「リトルティーチャー」の学び

生徒の自主性を重んじる方針は学Pにかぎらず、どの授業でも実践されている。その象徴ともいえるのが、生徒が生徒に教える「リトルティーチャー」という授業だ。

「ある実験をした生徒が、その過程や結果をほかの生徒に教えるといったイメージです。教員が順序良く教えていくのはたしかに効率的なのですが、それでは余計なことや失敗が入る余地がないのです。そもそも科学や探究のおもしろさは、失敗や試行錯誤にあります。そのため、失敗を繰り返したリトルティーチャーがまとめた冊子は、中途半端な教科書よりもよほど優れたテキストになるし、生徒たちの共感を得ることができるのです」（同）

こうした実践的な取り組みのバックボーンには福井大学の存在がある。福井大学には教職大学院があり、附属校の教員と大学院の教員が連携して日常的なカリキュラムの開発・研究を行っているのだ。また教育学部だけではなく、医学部、工学部などの研究室を学Pのために生徒が訪問するケースも多いという。大学院生にとっても、現場（義務教育学校）に近く、現役の教員の指導も受けやすいなどのアドバンテージがあり、双方に大きなメリットが生じているという。

「小学校は『学級の壁』、中学校は『教科の壁』が厚いといわれますが、当校ではランダムに違う学年、教科の教員で部会を組織し、それぞれの目線でプロジェクトや教科の学びを紹介しながら、研究を進めています。それにより、自然に世代継承ができていると考えます。また、学年接続の面でも義務教育学校の利点を生かして、後期課程（中学）の英語、音楽、家庭科、美術の教員が5～6年の授業を持つといった取り組みを行っています」（同）

さまざまな〝壁〟を越えた取り組みが、同校の校風を培っているようだ。

生徒が生徒に実験を教える、理科でのリトルティーチャーの様子

トピックス

小・中の垣根をなくすように言語の壁もなくしたい

福井大学教育学部附属義務教育学校が義務教育学校になってから力を入れている科目のひとつに、英語教育がある。現に同校では後期課程だけでなく、1〜9年全学年で英語教育（1〜4年生は「外国語活動」）を行っているという。

「今年からとくに5〜9年生は週に1時間、外国人講師によるイマージョン教育、すなわちいろいろな題材を英語で学ぶオールイングリッシュの授業をはじめました。英語を使って情報を発信したり、コミュニケーションをとったりできるようになるのが狙いです」（前出の牧田先生）

さらに英語教育の一環として、17年秋からシンガポール大学附属学校や、ジュロンビル・セカンダリースクールとの交流をスタートさせる。シンガポールとの時差は1時間なので、ネットを使った授業も可能だ。

「さまざまなテーマのもと、生徒同士で活発に意見を交わしてほしいと思っています。シンガポール大学附属学校には日本語学科もあるので、現地で人気の日本のアニメや好きなスポーツのことなどについて、日本語や英語を織り交ぜながら意見交換ができればと思っています。世界的な視野に触れることで、授業や学年プロジェクトにも良い影響が出るのではないかと期待しています」（同）

そして、英語によるコミュニケーションを磨くことで、さまざまな〝垣根〟を取り払いたいと前出の牧田副校長は強調する。

「これからの時代は今まで以上に国境や言語の壁を乗り越えていかなければなりません。だからこそ、英語のイマージョン教育などを通じて生徒たちの言語の〝垣根〟を取り払う手助けをし、さらに海外の人たちと接することで国境という〝垣根〟を越えていってほしいと思っています。17年8月には、『OECD生徒国際イノベーションフォーラム2017』に参加し、多くの国の中高生と現代課題の解決に向けての意見交換をしました。これも大きな自信になると同時に、あらたな目標を考えるきっかけとなりました」

とはいえ、同校はまだ義務教育学校としては1年目。生徒たちはその変化に対応できているのだろうか。

「イマージョン教育に関しては、まだ1年目なのでこれからですね。しかし9年生にもなると、自然に授業に入っていけるようです。これも学年プロジェクトなどで授業に能動的に取り組む姿勢を培うことができていたからではないでしょうか」（同）

先進的な取り組みをはじめた理由は、「生徒には、自律的な学習を通して、自律した精神や学びつづける力を培ってほしいと思ったから」だと。

そして「その過程では、いろいろな立場の年齢や国の人と協調したり、対話したりすることが求められます。それをいかに義務教育で成し遂げられるかが本校のテーマです。義務教育学校としての変化があらわれるのは5〜10年先になると思いますが、着実に歩みを進めていきたいと思います」と話す。

外国人講師によるイマージョン教育の授業風景

英語教育の成果は、OECDでフォーラム参加時にも発揮された

From OG・OB

古生物学研究者として日本初の快挙を成し遂げる

福井大学附属義務教育学校の校訓は「自主協同」だ。同校の卒業生で慶應義塾高校、慶應義塾大学へと進学した吉村太郎さんは、その言葉を大学生になった今も実感しているという。吉村さんは慶應高校在学中に、日本古生物学会の英文誌「Paleontological Research」に二枚貝化石の新種に関する単著論文が受理され、国際学会「World Comgress of Malacology 2016」において研究発表を行い、日本人初となる最優秀賞を受賞するという偉業を成し遂げている。その背景には、福井大学附属義務教育学校で学んだ授業の記憶があった。

「理科の一環で、理科の教員や大学の教授に引率され、丸1日かけて東尋坊（福井県）に行き、輝石安山岩の柱状節理や越前海岸の波食棚などの地形について学ぶ野外授業がありました。ほかにも、丸々1時間使うような実験を毎週のようにしていた記憶があります。ほかの生徒が受験勉強にとっては非効率だと思うような授業こそ、私や周りの友人は熱中して参加していたように思います。また、体育や音楽などにもクラス全体として活発に楽しく参加していたことは、今ではとても思い出深いです。自由闊達な雰囲気のなかで、興味を持ったことに集中して勉強できたのは、小学校からの一貫した特色だったと思います」

もちろん、論文を執筆したり、学会で発表したりする際にも、同校での授業が役立っているという。

「附属学校での授業は、受験などにすぐに役立つ勉強というよりは、生涯を通じて学ぶ気骨を養うといった感じのものでした。たとえば研究を進める過程において、実証的に真理を解明し、あらたな知見を見出そうとする実学の精神は、福井大学附属学校においてその基礎を養ったように思います。また、高校生のときにひとりで行った国際学会での発表では、海外の多くの研究者と意見を交わすうちに、幼い頃からさまざまな体験をしてきたことが良かったと感じました」と話す。

かつて吉村さんは、夏休みに貝類標本を20箱ほど作成したことがあり、その標本が、秋頃までずっと理科室に展示されたことがあったという。

「次年度の入学希望者にも見てもらったと聞き、とても嬉しく思った記憶があります。また中学の頃からサンプリングや文献調査などの研究を理科の教員がサポートしてくれたり、毎日通っていた空手の稽古と勉学を両立できる学風があったりと、そういった学校全体の環境が私にとってとても適していました」

あるがままに学習することができたのが今日の自分をつくったと話す。

中学時代には、福井県代表として空手の全国大会に出場

DATA

●沿革

1885年	福井市に福井師範学校附属小学校開校
1947年	鯖江市に福井師範学校附属中学校開校
1949年	新制大学発足により、福井大学福井師範学校附属小学校・附属中学校に改称
1963年	附属中学校が独立開校
1963年	附属小学校が独立開校
1966年	福井大学教育学部附属小学校・中学校に改称
1999年	福井大学教育地域科学部附属小学校・中学校に改称
2016年	国立大学法人福井大学教育学部附属小学校・中学校に改称
2017年	国立大学法人福井大学教育学部附属義務教育学校開校

●教育目標

「未来を創る自己の確立」

●主な行事

・修学旅行（6年生／4月、8年生／3月）
・宿泊学習（7年生／5月）
・体育祭、校内運動会（9月）
・文化祭（後期課程／9月）
・高学年体育科校外学習<スキー実習>（前期課程／1月）・6年生を送る会（前期課程／2月）

●住所

福井県福井市二の宮4丁目45番1号
前期課程 TEL:0776-22-6891　FAX:0776-22-7580
後期課程 TEL:0776-22-6985　FAX:0776-22-6703

CHIEF EDITOR'S TALK SESSION

いま、全国の国立大学附属学校には、何が求められているのか。
文部科学省はこのところ財務省と財政教育プログラムをはじめたり、
義務教育学校を推進するなど新しい動きを見せている。
はたして、全国の国立大学附属学校の教員と各校PTAで組織する
「全国国立大学附属学校連盟」「全国国立大学附属学校PTA連合会」は、
附属学校の抱える現状、課題をどのように認識しているのか、
またどういう未来図を描こうとしているのか。
さっそく、月刊『コロンブス』編集長・古川猛がインタビューした。
そして現在、不要論・廃止論にさらされている附属学校が
たどってきた歴史的経緯もあらためてひも解いてみた。

大学と附属学校の理想的な連携とは何か

文部科学省インタビュー

国立大学附属学校が考えるべき「地域」との関係の築き方

ここまで、国立大学附属学校の現場でどういった教育が行われているかをみてきた。では、国立大学附属学校を全体を見渡す立場の文部科学省は、いまどういった課題を感じているのか。文部科学省高等教育局大学振興課の柳澤好治教員養成企画室長に聞いた。

古川猛・編集長　さっそくですが国立大学附属学校が抱えている今日の課題やこれからの展望についてうかがいたいと思います。まず国立大学附属学校の必要性はどういったところにあるのか、そのあたりについてうかがいたいと思います。

柳澤好治・文部科学省高等教育局大学振興課教員養成企画室長　附属学校が設置された当初から変わらない点としては、実験的・先導的な教育課題に取り組んでいること、地域における指導モデルになる取り組みを行っていること、大学学部の教育実習計画にもとづく実習生の受け入れ場所となっていることなどがあげられます。さらに最近では、学習指導要領の改訂やあらたな教育課題がつぎつぎと出てきているので、それらの変化に対応できる教員を養成することも期待されています。実際、公立学校が最新の教育課題に対応した教育を実施するのは簡単なことではありません。その点、附属学校には研究という文化があり、大学というバックボーンがあります。それらを生かし、現代の課題に対応した教育を生み出していくことで、最終的にはそのノウハウを公立学校にも還元することができるはずです。附属学校にはぜひともそんな役割を担っていってほしいと思っています。

編集長　一方で、附属学校＝エリート養成校になってしまっているのではないかという指摘も多いようですが。

柳沢　地域によってはかならずしもそうなっていないところもあります。ただ、附属学校（小中学校以下）の場合、適性検査や面接、学力テスト、抽選などを組み合わせた入学者選考を行うため、学区内の子どもであれば誰でも入れる公立校とは違うと受け止められているのだと思います。

編集長　入学者選考に関して、文科省側からなにかしらのガイドラインを示したり、指導をしたりすることはあるのですか。

柳沢　抽選なども活用しつつ、なるべく多様な子どもを入学させてほしいということは以前から発信しています。実際、学力テストだけで入学者を決めている学校はなく、できるだけいろんなタイプの子どもたちを入れようとしていると思います。多様な子どもがいるということは、いろいろな価値観のぶつかり合いを経験できるということであり、子どもの情操教育には大いにプラスに働きます。ただ、公立校への入学とは違い選考があり、どうしても普通の社会構成とは異なる状態になっている点は否めません。現場の先生方に聞くと、いわゆる「いい子」だけを入学させるという考えはないものの、授業研究が多いという附属学校の特性もあって、授業を聞かないなどの子どもが増えると研究に注力しづらいといった

国立大学附属学校全体を見渡す文部科学省

こともあるようです。

編集長　学力テストを抜きに、抽選だけで選考を行う附属学校もあるのですか。

柳沢　学力テストは行わず、書類選考や抽選のみという学校はあります。附属学校の生徒は一般的に全国学力調査でも上位に入ることが多いのですが、抽選中心の選考の場合、公立学校と近い成績になる学校もあるようです。あえてそのように公立学校と近い状況下で指導法を研究している学校もあります。このようにそれぞれの学校が、多様な教育や研究に取り組むのは素晴らしいことだと考えています。

編集長　そういった方針を定めるのは、その附属学校のバックボーンである大学側の先生なのでしょうか。

柳沢　教育方針の最終的な判断は大学側が下すことになります。ちなみに、その際に大学と附属学校の連携がとれていれば、現場の声が大学側に届き、実際の教育方針に反映されていくのですが、現実的には大学と附属学校の間でかならずしも連携がうまくいっていないケースもあるようです。たとえば、大学と附属学校の距離がはなれていると連携がとりづらい場合もあると思います。また、附属学校には教育熱心な先生たちが集まる傾向にあるので、それぞれの先生たちが独自の考えにもとづいた研究に取り組みがちです。そうすると、ときには大学側が定めた方針を飛び越えて、附属学校の先生たちだけで研究を進めてしまう恐れがあります。ですが、附属学校には教育実習の場、教育メソッドを開発する実験の場という側面があるわけですから、現場でもやはり大学の大きな方針にもとづいた教育や研究が行われるべきです。

教科指導能力だけでなく全人的な指導力が必要

編集長　附属学校だからといって、いじめや引きこもりといった問題と無縁というわけにはいかないと思うのですが、附属学校ではそうした問題にどのように対応しているのでしょうか。

柳沢　附属学校のバックボーンには、一般に教員養成を行う大学があり、そこには生徒指導なども含めたさまざまな専門家が数多く在籍しています。そのため、大学と附属学校がうまく連携できていると、附属学校で何か問題が起こった場合でも、大学の専門家を巻き込んで一緒に問題解決を進めていくことができます。ただ、先述したように附属学校の先生のなかには自分の興味や関心のある分野だけを深めたいという人が多く、教科指導力は高いのに、生活指導力は公立学校の水準とさして変わらないといわれることがあります。

編集長　附属学校が〝研究の場〟であるがゆえのジレンマですね。

柳沢　おっしゃる通りです。そもそも、附属学校では入学時に生徒をある程度選ぶことができるため、公立学校よりも問題を起こす生徒が一般的に少ないと思います。それは裏を返せば、トラブルに対処する経験が少ないということになり、結果として先生方の生活指導力が向上しないといった状況になっているのです。2016年に都内のある附属高校で起きたいじめ事件は、まさにその象徴だったと思います。だからこそ、附属学校には大学側の持つ知見をもっとうまく活用してもらいたいと思います。

編集長　生活指導と教科指導を区別せず、日常的な教科指導が自然と生活態度や生き方の改善にまでおよんでいくような教育が求められているのかもしれませんね。

柳沢　まさに今求められているのはそういうものだと思います。教科指導においても教科横断の発想が必要とされており、特定の教科の指導が得意というだけではもはや厳しくなってきているのです。

「学区」がないからこそ得られる広い意味での「地域」の視点

編集長　ところで、附属学校には学

香川大学教育学部附属坂出小学校では、大学の協力を得ながらPTA主体のいじめに関する研究会を行った

区制の公立学校と違い、より広い地域から生徒たちが通ってきていますよね。となると、附属学校はより広い視野で「地域」を捉えることができるのではないでしょうか。そういう観点から「地元学」「地域学」としてまとめあげ実践していけば、まさに地域におけるモデル校として存在価値を高めていくことができるように思います。

柳沢　附属学校は学区が広く、いわゆる"地元"とは密接な関係を築きづらいとされています。地元の市町村にしてみれば公立学校があるわけで、国立の附属学校と密接な関係を結ばなくてもいいと考えられてしまうこともあるわけです。ですが、おっしゃる通り、せっかく市や県をまたいでさまざまな生徒たちが集まってきているのだから、もっと広い視野で地域を捉え、つながっていくという発想を持つべきです。

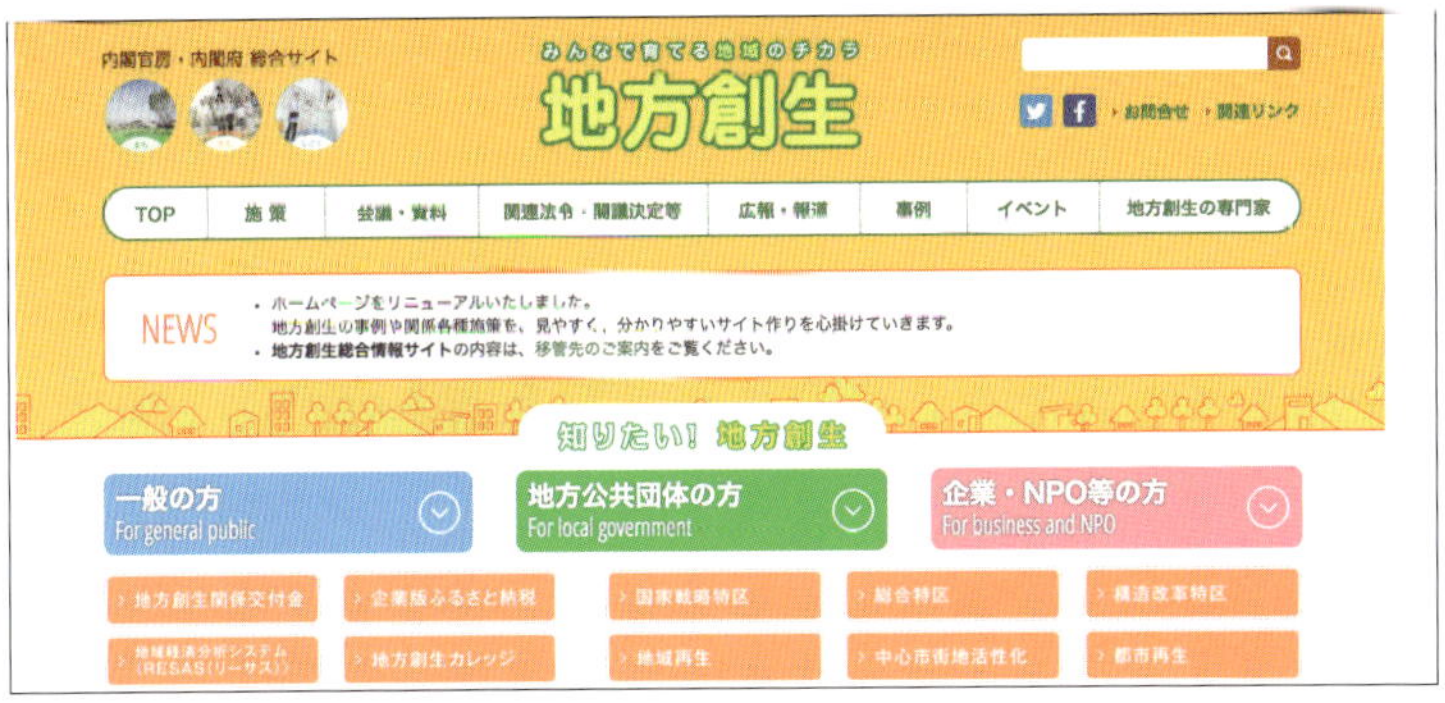

「地方創生」はいま、日本全体の喫緊の課題になっている
（内閣府「地方創生」ホームページより）

編集長　より広い範囲で地域のことを考えていけば、必然的に多様な産業に触れることができるし、より根深い社会問題を感じ取ることができます。そうすることで生徒たちは地域社会を身近に感じ、関心を持つようになると思うのですが。

柳沢　その通りだと思います。しかし、残念なことに附属学校の先生に話を聞くと、なかなかそういった発想を持つ余裕がないし、どうしても地域との関係性をないがしろにしてしまいがちです。もちろん、現場の先生方はそれぞれ一生懸命やっているのですが、これからはそういった新しい発想を取り入れていかないと、公立学校との違いがどんどん薄れてしまい、附属学校の存在意義を見出せなくなってしまうように思います。ぜひとも附属学校には公立学校にはない強みを発揮し、アピールしていただきたいと思います。

編集長　いま附属学校では財務省の協力のもと、財政教育プログラムに取り組んでいますね。その授業では国家単位の財政問題について生徒たちがみずから考え、大いに議論を交わしています。この取り組みを国家単位ではなく、都道府県や市町村といった地域単位にまで落とし込んでいったら、また違うものが見えてくるように思います。そのあたりについてはいかがでしょうか。

柳沢　たしかにおもしろい取り組みになりそうですね。財務以外のテーマについても同様の手法で議論を交わしていけば、さまざまな問題点を自分の事として学ぶことができるように思います。地域に立脚しつつ、グローバルな視野を育むことができるのは、公立学校のような学区にとらわれない附属学校ならではの特徴だと思います。

編集長　せっかく大学の先生方もいて、独自のカリキュラムをつくっておもしろいことをやっているのだから、それをもっと前面に打ち出していかなければならないということですね。

柳沢　たとえば、ひとつの大学が小学校だけで3～4校の附属学校を抱えているケースもあります。そういう学校はだいたい、もともとあった小学校を附属化しているケースが多いので、特色を出しやすいはずなのです。小学校を3つ持つなら、それぞれにどういう役割を持たせるかという議論を深めていくべきなのです。しかし、多くの大学はそれぞれの学校の本来の文化や歴史に依存しており、それをどう高めていくかをあまり考えてこなかったように思います。「学校数を減らすべきだ」といわれているなかで附属学校を残していくには、大学がそれぞれの附属学校のはたす役割を設定し、コントロールしていくことが求められているのだと思います。

柳澤《やなぎさわ》 好治《こうじ》

文部科学省 高等教育局 大学振興課教員養成企画室長
1996年文部省学術国際局国際企画課。中国政府奨学金留学生（北京語言文化大学）、初等中等教育局幼稚園課係長、内閣府大臣官房主査、大分県教育委員会生涯学習課長、年文部科学省大臣官房政策課税制専門官、初等中等教育局国際教育課課長補佐、外務省在中国日本国大使館一等書記官、文部科学省生涯学習政策局政策課生涯学習企画官を経て、15年高等教育局大学振興課教員養成企画室長に就任、現在に至る。

学校で考える財政に注目！　小中高生が日本の未来を議論!!

財務書インタビュー

財務省担当者に聞く、国立大学附属学校で展開される「財政教育プログラム」の狙い

全国の国立大学附属学校で、2015年から実施している「財政教育プログラム」という授業がある。アクティブ・ラーニングを取り入れたこの授業の狙いや内容を紹介したい。

古川猛・編集長　財務省では、全国国立大学附属学校連盟・全国国立大学附属学校PTA連合会と提携し、2015年より本格的に「財政教育プログラム」と題したアクティブ・ラーニングの授業を実施しています。まずは、この授業をはじめた経緯からお聞かせください。

重藤哲郎・財務省大臣官房地方課長（取材当時）　かつては、財務省からの情報発信といえば、企業経営者や大学の研究者、あるいはマスコミ関係者など、日頃から財務省あるいは財務局と接点がある人たちに向けたものがほとんどでした。ですが、それでは一部の人たちにしか財政の現状を届けることができません。国民一人ひとりに主体的に財政問題を考えてもらうようにするには、それこそ児童、生徒、学生のように将来を担う人材や主婦層などにも積極的に情報を発信していかないといけないと考えたのです。また、これからの時代は一方的に情報を提供するのではなく、私たちが素材を提供して一緒に考えてもらう、双方向型の情報発信が大事なのではないかという思いもありました。そんな折り、ちょうど教育界でアクティブ・ラーニングへの取り組みが活発化していたので、その手法を取り入れ、まずはご縁のある学校からこの財政教育をはじめてみようということになったのです。

編集長　財政教育プログラムではどういったことをテーマにしているのでしょうか。

重藤　小学生、中学生、高校生を問わず、私たちは自分たちが生活するために必要なさまざまな支出を、みんなで負担し合っているんだということを伝えるようにしています。そして国の実体とは、国民そのものであるということにも気づいてほしいと思っています。国にせよ地方自治体にせよ、どういった政治・行政が行われるかは国民一人ひとりの意見によるということを知ってほしいのです。と同時に、財政は誰かが勝手にきめて成立しているのではなく、それがどうあるべきかをきめるのも国民なんだ、ということを理解してもらえたらと思っています。

編集長　子どものうちから税金、ひいては国家財政について考えることで、社会全体への理解や主権者意識の芽生えが促されそうですね。具体的にはどういった内容の授業を行っているのでしょうか。

重藤　小学校で授業を行う場合は、ごく身近なことから話を切り出すようにしています。よく例にあげるのが救急車です。救急車を呼ぶと無料で来てくれるけど、実際にはその救急車自体を購入したり、夜中に走らせたりするためには何万円ものお金がかかっているんですよ、と。あるいは歯医者さんで虫歯を治すときに窓口で払うのは数百～数千円、自治体によっては無料だけど、本当は何万円もかかっているんですよ、といった話をするわけです。そして「それをまかなっているのが、税金や保険料なんだよ」といった感じで税や財政といった話に展開していき、さらにそういった必要なものにお金をかけるには、ちゃんとみんなでお金を負担しないといけない、という話をしていきます。それから、もし日本が人口100人の村で予算が100万円だったとしたらという前提のもと、その村の予算をつくるシミュレー

ションをしてもらいます。

編集長　中学生の場合はより高度なことを学ぶのですか。

重藤　より具体的に財政について紹介するとともに、タブレット端末にインストールされたプログラムを使って、予算編成シミュレーションなどを行います。そして、何を減らしてどこを増やすべきかを自分たちなりに考えてもらうのです。当然、そのためにはどういった考え方に立脚するかを定める必要があります。その結果、「福祉を手厚くしたいが、個人の負担を増やさないようにすると、ほかの支出を減らさないといけない。支出を減らすと、その分野の受益者が困る」といった問題に直面するわけです。そうしたことをグループ内で議論し、プレゼンテーションを行ってもらい、それに対して私たちや異なる意見を持つグループが質問していくことで、より議論を深めていきます。そうすることで、生徒たちはさまざまな問題を乗り越えて合意形成をしていくことの難しさを理解し、さらには「公平とは何か」ということに突き当たることになるのです。

　なお、高校生の場合も中学生のときと同様の方法で議論を深めていくのですが、テーマについては少子高齢化社会を前提とした日本の社会保障改革案といった具合により高度なものに設定していきます。

チームで熱心に議論をする財政教育プログラムの様子

編集長　中学生や高校生になると、かなり複雑な議論ができるようになるのですね。それにしても、かぎられた授業の時間のなかで、生徒たちは何かしらの結論を出すことができるのでしょうか。

重藤　授業の場で無理に結論を出す必要はないと思っています。むしろ、子どもたちには「まだ何かあるんじゃないか」「もっと議論したい」と思ってもらいたいですね。また短い時間ではありますが、一人ひとりに自分なりの気づきを得てもらうことが重要だと考えています。中学生や高校生には進学したり就職したりするなかで、この授業で得た気づきを大いに生かしてほしいと思います。

子どもたちの生活実感から得られる意外な財政改革の気づき

編集長　授業のなかで児童・生徒たちからはどのような意見が出てくるのですか。

重藤　さまざまな意見が飛び出してきます。たとえば「これからお年寄りが増えるから福祉にお金がかかる」という生徒もいれば、「いや、うちのおじいちゃんを見ていてもそんなに困っている様子はないから、減らしてもいいのでは」という生徒もいます。そうかと思ったら「少子化が進めば教育費を減らせる」という生徒や「教育予算を増やせば優秀な人が増えて、国際競争力が高まって日本経済が良くなる」と返す生徒もいます。変わったところでは「酒税を上げれば酔っ払いが減って、健康を害する人が減るだけでなく、警察の出動回数も減らせるのだから、歳出削減できるのでは」という生徒もいました。毎回のように「そんな発想があるんだ」と驚かされています。

編集長　児童・生徒に向けたこうした授業は、財務省にとっても初めての試みです。学校側からはどういった感想が寄せられていますか。

重藤　非常に好意的に受け止めていただいており、財務省内でも良い取り組みだと評価されています。

編集長　今後の展開についてお聞かせください。

重藤　財政教育プログラムは私たちが学校に積極的に働きかけているというよりは、先生方のネットワークのなかで広まってきています。また、当初は各地の国立大学附属学校を対象としていましたが、最近は公立や私立にまで対象が広がっており、より多くの子どもたちにこのプログラムを届けていきたいと考えています。今後もこうした取り組みを通じて、幅広くさまざまな人に財政のことを考えてもらえるよう努めていきたいと思います。

重藤《しげとう》 哲郎《てつろう》

1964年生まれ。
1988年 大蔵省（現 財務省）入省。
高松国税局坂出税務署長、大臣官房文書課広報室長、国税庁調査査察部査察課長、国税庁長官官房企画課長、同会計課長等を経て、2016年 大臣官房地方課長。
2017年 広島国税局長（現職）。

現役教師座談会

地元のリーダーになる子どもを育てたい!!

〝考える〟学習で未来を支える人材を育成

全国で200校を超える国立大学附属学校は、各校ごとに異なる特色を持ち、独自性の高い取り組みを実践している。そこで、学校教育の現場で活躍する4名の教員に、日本の未来を担う人材を育てるための教育メソッドについて語ってもらった。

附属小学校で培われる自主性やコミュニケーション能力

古川猛・編集長　さっそくですが、国立大学附属学校の教育の現場では日々どういったことを考え、取り組んでいるのかをうかがいたいと思います。まずは大阪教育大学平野小学校の丸野先生にお聞きします。以前、全国国立大学附属学校PTA連合会の方から選考では「行動観察」が行われると聞いたのですが、内容をご説明いただけますか。

丸野亨・大阪教育大学附属平野小学校副校長　他の学校園のことはわかりませんが、私たちが育てていきたいのは好奇心が旺盛で、夢や目的を実現するためにさまざまな人たちとかかわり合い、柔軟に学び改善していける子どもたちです。そういった資質・能力は記憶力や手先の器用さだけでは判断できないので、行動観察を含めた多様な試問を通じて子どもたちを見るようにしています。主体性、協調性、創造性を育むことを目指している本校の教育方針と合致しているということになります。ちなみに本校に隣接する附属幼稚園の園児は、すぐに自分でやりたいことを見つけて前向きに取り組みはじめます。しかも、わからないことがあれば、友だちと相談したり大人に質問したりする習慣も身についています。これはまさに附属幼稚園での教育の賜物だと思います。

編集長　丸野先生ご自身も同校の卒業生だそうですね。当時と今とで変わった点などはありますか。

丸野　変わった点というよりも、変わらず貫かれている点に注目したいです。本校では当時から「ひとりで考え、人と考え、最後までやり抜く子」という教育目標を掲げ、それを実践し続けています。ここでいう「考える」とは、思いつきとは異なり、論理的な思考を意味しています。そのため、生活指導の場面でも「なぜこういうことになるのか」といったことを問い、シッカリと言語や論理によって説明させるのです。また、学校全体でずっと大事にしている課題のひとつに、入学から卒業まで毎日書く「自由ノート」という日記と、3年生から授業の内容を振り返りながら書く「教科ノート」があります。言葉にするという作業を繰り返すことで、自然と論理的な思考が身についていくのです。

編集長　附属小学校の生徒が中学校に進学すると、他校出身者よりもペーパーテストの成績が低いことがしばしばあると聞いたことがあります。その点について、首藤先生はどのようにお考えでしょうか。

首藤敏元・埼玉大学教育学部附属中学校校長　その通りなのですが、私はそれがネガティブなことだとは思っていません。その分、附属小学校の出身者は、自分の意見を発表する力や研究する能力を持っているからです。そのため、当初は受験勉強を重ねてきた入試組に負けてしまうのですが、2年生くらいになると差が目立たなくなり、卒業時にはまったくなくなっています。

また、教師の立場からすると、中学校の学級経営を成り立たせるうえで、附属小学校出身の生徒は欠かせない存在でもあります。附属小出身の生徒は、自主性やコミュニケーション能力があり、仲間をつくるのが上手なので、クラスのリーダーや中心的な役割を担うことが多いのです。また、そうやってリーダーシップを培った生徒は将来的にも引き続きリーダー的な存在になることが多いように思います。

地方の附属学校に求められる 地元で活躍する人材育成

編集長　そうして各地の附属学校で育成されたリーダーは、地元に残るものなのでしょうか。やはり多くは都市部に移り、そこで活躍するようになるのではないでしょうか。

首藤　最近は、いずれは地元に戻りたいという人や地域のことを気にかける卒業生が増えているように感じます。

編集長　附属学校において地元を意識した教育は行われているのでしょうか。

吉田隆・奈良女子大附属中等教育学校副校長　本校では総合的な学習で「探究・奈良」という授業を行っています。この授業では1年生のときに「奈良町探検」ということで奈良公園に写生に行ったり、地元の人に話を聞きに行ったりし、2年生のときに東大寺で歴史を学びます。そして3年生では「探究・世界」というテーマで世界のことを学んでいくのです。そうやって、地域に根差したグローバルな視点を持った人材を育成したいと考えています。

編集長　そういった授業は00年以降の「総合的な学習」が実施される前から行われていたのでしょうか。

吉田　本校では1980年代から、課題研究などを延長した形で教科の枠にとらわれない授業に取り組んできました。たとえば、89年には「奈良学」、90年には「環境学」、99年には「世界学」という総合学習を中学3年生から高校1年生にかけて実施していました。

古家正暢・東京学芸大学附属国際中等教育学校社会科教諭　地元ということでいいますと、本校は帰国生が多く、学区域がないため、東京だけでなく埼玉県や千葉県、神奈川県からも多くの生徒が通ってきています。そのため、地元を生かしたフィールドワークがなかなかできない状況にありますし、生徒の多くは卒業後、日本から飛び出していってしまいます。とはいえ、多くの生徒たちは根っこの部分で日本文化をシッカリと大切にしており、最近では4年生（高校1年生）で課題研究のテーマに「グローカル」を掲げる生徒も増えてきています。先日に行われた「練馬防災フェスタ」では数多くの生徒が炊き出しなどのボランティアに汗を流していました。

編集長　地域や日本のことを知りつつ、世界に目を向ける。そういった視点や思考をはやいうちから学べるのも附属学校ならではといえそうですね。しかし、地方の学校の場合、地元に根差す人材を育てるということがより切実な課題になっているかと思います。

吉田　本校卒業生はかなりの数が近畿地方に残っているのですが、それでも保護者の方から「優秀な子がかならず奈良に戻ってくるような教育をしてほしい。そうでないと地元がダメになる」といわれます。

編集長　地方の附属学校では今後、地域との関係性がさらに重視されるようになると思います。ともあれ、先生方にはますます独自性の高い教育を推し進めていただき、素晴らしい人材を育て上げていっていただきたいと思います。

首藤《しゅとう》 敏元《としもと》

全国国立大学附属学校連盟理事長（2015〜16年）、埼玉大学教育学部附属中学校校長（14〜16年）、埼玉大学教育学部乳幼児教育講座教授。1981年宮崎大学教育学部卒。上越大学学校教育学部助手、埼玉大学教育学部講師、同大学教育学部助教授を経て、06年に同教授に就任。92年、心理学博士（筑波大学）主な研究分野は発達心理学、幼児教育。

古家《ふるや》 正暢《まさのぶ》

東京学芸大学附属国際中等教育学校教諭。1957年東京生まれ、81年明治大学法学部卒業後、東京都江東区・足立区立中学校社会科教諭、2000年早稲田大学大学院修士課程修了、05年東京学芸大学附属大泉中学校、07年より現職。主な研究分野は社会科教育、法教育、国際理解教育、NIE、ESD。

丸野《まるの》 亨《とおる》

大阪教育大学附属平野小学校副校長。1997年大阪教育大学教育学部卒。2011年同大学院教育学研究科修了。大阪市立小学校に2年間勤務し99年現任校に着任。教諭、主幹教諭を経て、14年より副校長。研究教科は社会科、生活科、総合的学習。同小・中・高校出身。附属で身に付けた資質・能力を生かし、副校長として附属改革に注力している。

吉田《よしだ》 隆《たかし》

全国国立大学附属学校連盟副理事長、奈良女子大学附属中等教育学校副校長。1984年同志社大学卒。2009年奈良教育大学大学院修了。84年より奈良県立高等学校国語科教諭として14年間勤務した後、98年より奈良女子大学附属中等教育学校に勤務。12年より副校長を務める。

全国国立大学附属学校連盟（全附連）
全国国立大学附属学校ＰＴＡ連合会（全附Ｐ連）

時代とともに附属学校の「あるべき姿」が変わってきた

附属学校がはたす役割と課題を語る

地元の教育委員会や公立校との交流を活性化し、附属学校の教育への取り組みや成果を地域にフィードバックしていく。そのためには何をしてゆけばいいのか、語り合ってもらった。

全附連・全附P連新体制での座談会は白熱した

古川猛・編集長　全国国立大学附属学校連盟（全附連）、全国国立大学附属学校ＰＴＡ連合会（全附Ｐ連）は新体制となったようですが、新体制下での活動の方向性について聞かせてください。

呉本啓郎・全国国立大学附属学校ＰＴＡ連合会会長　附属学校は素晴らしい取り組みを実践していますし、先生方もそうした自負をお持ちだと思います。ただそうした自負が自己満足にならないようにしなければなりません。国立大学附属学校は国費で運営されているわけですから、十分な公益性を持っているのかどうか、たえず検証してみる必要があると思います。ひょっとしたら地域や学校関係者以外の人たちに受け入れられていない部分や時代の変化に適応できていない面もあるのかもしれません。そうしたことを見直して、さらに公益性を高めていく努力が必要だと思うのです。ある調査によると、全国の90《パーセント》以上の教育委員会が附属学校は役に立っていると評価しているのですが、その一方で60《パーセント》以上の教育委員会が附属学校のことはよく知らないとも回答しています。教育委員会でもこういう状況なのですから、一般の人はもっと知らないでしょう。私たちとしては学校がいいにくいことも含めて、附属学校をもっと知ってもらう努力をしていきたいと考えています。

首藤敏元・全国国立大学附属学校連盟前理事長　私は埼玉大教育学部の附属中学の校長を務めましたし、全附連の理事長として2年間全国の附属学校を訪問しました。その経験から附属学校は高い公益性を持っていると思うのですが、それが一般の人に十分に伝わっていないのは事実です。附属学校の教員が教育委員会で指導的立場に立ち、公立校の校長となるケースがよく見られるのですが、そうした人たちが附属学校での経験や成果を公立校にフィードバックしています。また自治体によっては公立校の教員が附属学校で研修し、その教育方法などを採用しています。こうしたことを考えても、公益性は十分に高いと思います。もちろんこれで満足するのではなく、さらに公益性を高めていく努力は必要ですが。

田中一晃・全国国立附属学校PTA連合会事務局長　附属学校と教育委員会の連携という点では、地方のほうがうまくいっている傾向があります。たとえば福井県や大分県などは非常にいい関係にあると思います。それに対して東京や神奈川、千葉、埼玉などの首都圏や大阪などでは教育委員会の組織が大きく、なかなか密に連携できない面があるようです。地域の教育への貢献が認められているかどうかが教育委員会や公立校との交流に関係しているようですが、大都市圏の場合は学校数も多く、難しいのかもしれません。

丸山研一・全国国立大学附属学校連盟理事長　国立大学附属学校は師範学校の附属校としてスタートしたこともあって、教育実習の場として重要な役割をはたし続けており、国立大出身の教員の多くは附属で実習しています。また、公立校の教員の研修の場としても重要です。ただ、附属学校のこうした貢献は広報するのが難しく、あまりに積極的に情報発信をしてきていませんでした。今後は附属学校の役割や成果をきちんと示すシステムづくり、取り組みが必要だと思っています。

編集長　時代とともに附属学校に求められるものも教員のあるべき姿も変わってきていますが、附属学校を外部にどう伝え、知ってもらうべきなのでしょうか。

井上恒治・前全国国立大学附属学校PTA連合会会長　これまで附属学校がはたしてきた役割、たとえばモデル校づくり、教員養成における貢献を知ってもらうことはもちろん、これからの附属学校の使命を発信していく必要があります。また、附属学校のPTA活動の成果などを公立校のPTAに発信し、フィードバックを得ることも大事だと思います。

編集長　国立大附属学校は、もっと学際的であってほしい、過去の実績、経験ばかりに頼っているといった批判も一部にありますが、実際の状況はどうなのでしょうか。

首藤　教育学部というと教育学の専門家の集まりと思われがちですが、実際は数学や化学、法学などいろいろな分野の専門家の集まりで、私自身も心理学を専門としています。そのため、実は教育学部そのものが学際的だといえるのです。そのため当然、附属学校も学際的な側面が色濃くなっています。

編集長　教育学部や附属学校に学際的な動きがあるというのは外部にはあまり知られていないと思います。そういったことや教員の実績をもっと発信するべきですし、附属学校がなぜ進学成績がいいのか、その理由を分析してアピールする必要があると思います。

田中　広報に関しては、それぞれの附属学校のミッションや実績などについて情報を共有し、どう発信していけばいいかを話し合う場を設けることになっています。

首藤　附属学校のミッションということでは「自分で決める、主体的に取り組むことができるリーダーを育てる」という方針が明文化はされていませんが、どの学校にもそれは明確にあると思います。

編集長　リーダーの不在はどこの地方でも喫緊の課題です。附属学校には大学の教育学部と連携し、リーダー育成に本格的に取り組んでほしいですね。

田中　まさに地方におけるリー

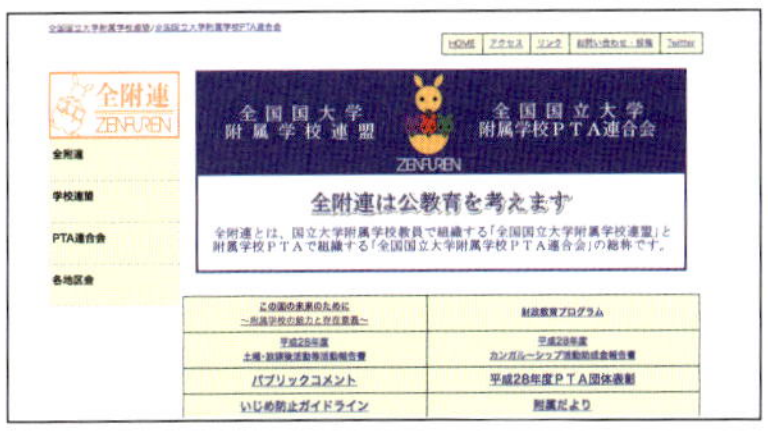

上／全附連HPより。全附連では「附属だより」（下）を発行するなど、情報発信に努めている

ダーの育成は附属学校の役割のひとつだと思います。また、大学の教員が校長になるのも附属学校ならではの魅力でしょう。おかげで、小さいときから学者と接することができますし、医学や工学、化学などその専門分野のことを教えてもらう機会もあります。そうした積み重ねが好奇心旺盛で柔軟性のある人間を育てるのだと思っています。

井上　PTAとしても公立校のPTAや父兄に認められる努力をするべきではないでしょうか。PTA総会の出席率は公立校では30パーセント前後なのに対し、附属では99パーセントと大きな違いがあります。それに満足するのではなく、自分たちの活動、成果を公立校の教員やPTA関係者に報告し、理解しフィードバックしてもらえるような活動をしなければならないと思っています。

呉本　私には子どもが3人いて、上のふたりが附属学校に、一番下が公立学校に通っていましたから、附属学校の良さも公立学校の良さもわかっているつもりです。そのうえで特筆すべきは附属学校の先生たちの熱意のすさまじさです。もちろん公立学校の先生たちにも教育に熱意を持った方はたくさんいますが、附属の先生たちはさらにすごい。その一点をとっても附属学校は残さなければいけないと考えています。

丸山　いろいろやるべきことはあるでしょうが、教育委員会との連携をこれまで以上に密にはかるのも重要な課題のひとつだと思います。また、附属学校という立場をもっと生かすことも考えるべきではないかと思っています。大学の教育学部の直属組織なのに、大学の関与がこれまで少なかったのではないでしょうか。大学には「附属学校は自分たちのもの」という意識をより強く持ってもらい、附属学校をいい方向に導くようにもっと関与してほしいと考えています。

首藤　ある附属中学校の校長先生から聞いた話です。その先生はアメリカでの生活が長い方ですが、アメリカには附属学校という制度はなく、日本の附属学校を高く評価しています。附属では教育実習生と子どもたちに立派な教育を施しており、なぜこのような学校、優れた附属という制度をなくそうという声があるのか理解できないといわれています。とはいえ、附属学校といっても地域によっては求められるものは違ってくるのも事実です。そうした地域の教育ニーズをシッカリと把握し、そのニーズに沿って何ができるのかを考え、実行していくことが求められていると思いますし、それに応えていくことが附属学校の未来につながるのではないでしょうか。

編集長　情報発信が大きな課題であり、それこそが全附連、全附P連がはたす役割になってきそうですね。

丸山《まるやま》 研一《けんいち》

全国国立大学附属学校連盟理事長。1984年九州大学大学院理学研究科博士課程単位取得退学。九州大学理学部助手、千葉大学教育学部助教授を経て、2006年より千葉大学教育学部教授。現在同附属中学校長（兼任）。理学博士（九州大学）。

首藤《しゅとう》 敏元《としもと》

首藤氏は全国国立大学附属学校連盟の理事長を務めていた頃に『この国の未来のために～附属学校の魅力と存在意義～』という冊子を発行。その根幹には「附属学校のあり方が議論されている今こそ、『レジリエント（柔軟性や回復力に富むという意味）な附属学校』づくりを目指さなければならない」という思いがあったという。（プロフィールは99頁参照）

呉本《くれもと》 啓郎《けい》

全国国立大学附属学校PTA連合会会長。大学卒業後、繊維商社を経て1997年にPC関連製品メーカーを創業。スリムCDケースの世界特許を所有。2011年大阪教育大学附属平野小学校PTA会長。12年より全国国立大学附属学校PTA連合会 評議員、理事、近畿地区会長、専務理事を経て現職。

井上《いのうえ》 恒治《つねはる》

全国国立大学附属学校PTA連合会直前会長。大学卒業後、建設会社勤務を経て家業の造園業を営む。2016度全国国立大学附属学校PTA連合会会長。鹿児島大学教育学部附属中学校PTA副会長。（一社）鹿児島県造園建設業協会会長。

田中《たなか》 一晃《かずあき》

1982年3月 東京学芸大学教育学部 卒業。4月より、東京学芸大学附属竹早小学校教諭。2001年4月より東京学芸大学附属竹早小学校副校長。2014年3月東京学芸大学附属竹早小学校定年退職。同年4月より 、全国国立大学附属学校連盟（全附連） 事務局長。

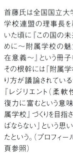

「自分で考え、発言、行動する」DNAが附属の伝統だ

前全附P連顧問
久保真司

国立大学附属学校はこれまでに何度も不要論・廃止論を乗り越えてきた

戦前、戦中、戦後という激動の時代にあって、国立大学附属学校はどのような変遷をたどってきたのだろうか。国立大学附属学校の歴史に詳しい久保眞司氏にそのＤＮＡと役割について聞いた。

戦後の教育改革が附属学校存続の最大の危機に

古川猛・編集長　国立大附属学校は現在小学校73、中学73、高校17、中等教育学校4、義務教育学校2があり、加えて幼稚園49、特別支援学校42がありますが、その歴史はどこまでさかのぼれるのでしょうか。

久保眞司・宮崎大学教育学部学部諮問会議委員、教育協働研究センター研究員、前全附P連顧問　小学校と中学、高校とでは若干、見解が違うようです。明治維新後間もない１８７２年に最初の師範学校である東京高等師範学校が設立され、その後、70年代半ばから後半にかけて全国に師範学校がつくられていきますが、80年代には各師範学校に附属小学校が生まれています。それらの師範学校附属小学校が戦後の新制大学の制定と師範学校廃止によって、国立大附属小学校となったのです。一方、中学、高校はそのほとんどが戦後の教育制度改革による6・3・3制を受けて設立されています。例外は東京高等師範附属中学が前身の筑波大附属中学・高校、東京女子高等師範を前身とするお茶の水女子大附属中学・高校、奈良女子高等師範が前身の奈良女子大附属中等教育学校、広島高等師範附属中学を前身とした広島大附属中学・高校で、いずれも明治時代に創立しています。

編集長　師範学校は教員を養成するための学校ですが、当時の日本の帝国主義的、あるいは皇国史観に基づくような教育が行われていたのですか。

久保　けっしてそんなことはないと思います。大学や旧制高校では自由で民主的な雰囲気が溢れていて、それが大正デモクラシーの原点になったといわれていますが、師範学校でも基本的には同じで、太平洋戦争中に府県立から官立となって国民学校の教員養成機関となるまでの師範学校は自由闊達だったようです。

編集長　附属小学校は明治に、中学、高校は戦後間もなく設立されましたが、これまでには存続の危機もあったようですね。

久保　現在も国立大学附属学校廃止論議は行われていて、危機といえるかもしれませんが、これまでも不要論、廃止論は何度も起こっています。なかでも戦後の教育制度改革の時期には大きな危機を迎えたといえます。１９４１年に尋常小学校が国民学校初等科に、高等小学校が国民学校高等科に改組され、国家主義的な教育が行われるようになりましたが、戦後になって戦前、戦中の教育が批判の対象となったなかで、教員を養成した師範学校とその附属学校も批判を受けました。

編集長　師範学校の附属学校が批判された理由は何だったのですか。

久保　師範学校は太平洋戦争中には軍国主義的教育をした国民学校の教員の養成機関となっていましたから、それが批判の大きな理由でした。また、師範学校は教員となることを前提に無償で進学できたので、優秀でありながら貧しいために旧制中学などに進めない子どもの受け皿になっていました。が、一部には師範学校から士官学校などに進んで軍幹部となった人間も少なからずいました。附属小学校については地方の名士や指導的立場の人物の子弟が多く入学していて、エ

リート軍人となった卒業生も少なくなかったようです。そのことも附属小学校が批判された原因だと思われます。

編集長　戦後の教育改革が断行された時期には、具体的に附属小学校廃止の動きがあったのでしょうか。

久保　新聞はかなり厳しい論調で批判を繰り返したようです。また1947年に発足した片山哲内閣の森戸辰男文部大臣は教育基本法の原案づくりにかかわり、6・3制義務教育制度の制定などの教育改革に尽力しましたが、師範学校と附属学校には厳しい意見を持っていて、廃止の意向だったといわれます。

編集長　かなり危機的な状況だったようですね。そこから逆転し存続となった決め手は何だったのでしょうか。

現在の千葉大学教育学部の前身となった千葉師範学校。千葉大学教育学部附属学校園については、本書でも取り上げている

久保　関東地方を中心とした附属学校の教員たちが集まって、文部省の役人やGHQで教育改革を主導していた民間情報教育局（CIE）に働きかけを繰り返したことが大きかったようです。とくにCIE教育部長ヴェルナ・カーレー女史が附属学校の重要性を理解してくれて、CIEが附属存続に傾いたことが力になったといわれています。カーレー女史は米西海岸の名門スタンフォード大学で教員教育の責任者を務めた後にGHQに赴任し、IFEL（教育指導者講習）を主導し、教員養成制度改革、教育職員免許法制定に大きな影響をおよぼすなど、教員教育の指導的立場にあった人物です。明治期に創設された附属学校にはそれ以来引き継いできたDNAがあり、歴史のなかで培ったものを引き継ぐ責任があることをCIEに強く訴えたようですが、それをわかってもらえたのでしょう。その結果として教員養成に特化した教育学部がつくられ、その附属学校として再出発することになりました。

激動の歴史のなかで培われた附属学校ならではのDNA

編集長　附属学校のDNAという言葉が出ましたが、具体的にはどういうものですか。

久保　附属の教育の特徴のひとつにグループ教育があります。これは生徒たちに4人や6人のグループをつくらせて、そのグループで自由に議論させるもので、附属学校では100年以上もつづけられています。こうした学習のなかで子どもたちは自分で考え、発言、行動する習慣がつき、自立心のあるリーダー的存在として育っていきます。また附属の幼稚園ではみんなで歌を歌ったり、お遊戯をするといった指導はまったくしません。自由に遊ばせて一人ひとりの様子を観察して、個性を伸ばす指導をしています。「ただ遊んでいるだけじゃないのか」との批判もありますが、このやり方が幼いながらも子どもたちに自分で考えさせることにつながっていると思っています。そして、こうした自分で考え、行動できる人材を育てるという教育の基本理念が引き継がれていることが、戦前、戦後を通じて附属学校が地方の指導者を輩出してきた原動力になっていると思います。

編集長　附属学校の存続を認めたGHQの思惑がどうだったのかはわかりませんが、リーダーを輩出しているということは見方を変えればエリート教育を引き継いでいることでもあり、バッシングの原因になっています。それについてはいかがですか。

久保　たしかに附属がエリート校化しているとの批判はずっとあって、エリート教育を国立の学校です

筑波大学の前身となる、東京文理大学附置東京高等師範学校。1872年に日本最初の教員養成期間として設立された。なお、同時期に附属小学校（練習小学校）も誕生し、現在の筑波大学附属小学校につながっている

る必要があるのかという意見もあります。また子どもたちだけでなく、教員もエリートが集まっているんじゃないかとの批判もあるようです。ただいいわけになるのかもしれませんが、教員の世界も師弟関係で結ばれている例もあり、附属の教員が優秀な後輩や教え子を呼ぶ傾向があって、結果として優秀な教員が集まりがちになる面があるようです。

戦後以来の危機的状況をいかに乗り越えるべきか

編集長　少子化によって生徒数の減少や学校の統廃合などが進むと予想され、教育学部の縮小もいわれるなか、同時に附属学校の廃止も議論されていますね。

久保　国会で「附属学校は必要か」との質問が行われ、議論されるまでになりました。戦後間もなく廃止論が起こったとき以来の危機といえるかもしれません。

編集長　附属学校での実験的教育などは公立校にフィードバックされるべきものなのに、それが効果的に作用しているのか、附属学校のためだけの実験になっていないかといった批判もあるようですね。

久保　全国から集まった教員たちに授業や研究成果を見てもらう「研究公開」は広く行われていますし、附属側としては公立校にフィードバックする努力をしているはずですが、それが十分でない面、理解されていない面があるのかもしれません。

文部大臣として、6・3制義務教育制や教科書検定制度などの施策を担当した森戸辰男は、師範学校・附属学校には厳しい立場だった

編集長　国立大学が独立行政法人化され、少子化もあって生き残り競争が激化するといわれていますが、附属学校にとっても他人事ではないはずです。日本では学校など教育機関が企業からお金を引っ張ってくるというと眉を顰《ひそ》められがちですが、アメリカでは研究のために教授が企業から支援を受けるのは当たり前になっています。附属学校も今後はそうしたやり方で資金を調達することを考えるべきではないでしょうか。

久保　近々、全国から附属学校を支援する人たちが50人以上集まって、今後の支援方法について話し合うことになっています。いま教育弱者と貧困の連鎖が社会問題化していて、全国で子どもの貧困率が16パーセントになっているとの報告がありますが、附属に通う生徒の貧困率は6パーセントという調査結果が出ています。全国の数字よりは低いからといって無視できないレベルです。附属学校は公立校よりもお金がかかりますから、金銭的事情でやめていかざるをえない子どもたちが現実にいます。そうした子どもたちを見捨てていいのか、見て見ぬフリをつづけるなら何のための附属学校か、そんな学校に存在意義があるのかという問題意識は私たちも持っていて、今後の対策を話し合おうとしています。いまも教育後援会という組織があるのですが、保護者OBや保護者からの寄付金のみで活動をしているため限界があります。より組織化を進めて、外部からの寄付金も募るなどの方策を考えようとしています。

編集長　資金確保はもちろんですが、いろいろな面で大学との連携をさらに深めていくことも必要ではないでしょうか。

久保　これまでは大学の附属学校でありながら、おたがいに連携しようという意識が薄いところはあったかもしれません。近年、地方の国立大は地元出身者を求める傾向があって、地元の高校に働きかけるようになっています。しかし、自分のところに附属学校があるのですから、その生徒たちに大学の魅力を伝えるなど、もっと附属の存在を見直してほしいと感じています。地方大学の附属学校は自分たちが地域を支える人材を育てるという気概、DNAを引き継いでいます。大学が本気になってその地方のリーダー教育を目指すなら、附属出身者は最適な人材だと思います。

編集長　附属学校はこれまで何度も廃止や見直しの危機を切り抜けてきました。今後も自ら変革していきながら、地方のリーダーを輩出していってほしいと思っています。

久保《くぼ》 眞司《しんじ》

平成18年度より全附P連理事に就任、平成23年度、同会長。平成24年度より28年度まで監事、顧問を歴任。宮崎大学教育学部附属学校園連絡会議をまとめる傍ら、学部諮問会議、教育協働センターの委員を務める。5人家族、全員宮崎大附属中出身。

データから読み解く国立大学附属学校の歴史

久保真司氏のインタビューにつづき、ここでは各種データや資料、教育学者の藤枝静正氏が著した『国立大学附属学校の研究』（風間書房）を参考にして、あらためて国立大学附属学校の歴史を振り返ってみたい。

国立大学附属学校が誕生するまでの経緯

附属学校、つまり国立大学の学部附属学校は、どのような経緯でつくられたのだろうか。わが国最初の師範学校が東京に創設されたのは、1872年（明治5年5月）であり、「小学ノ師範タルベキモノヲ教導スル処」とされた。前年の1871年（明治4年）には官制改革が行われ、海外の事情視察のために岩倉遣外使節団が欧米諸国に派遣された。国をあげて西洋文明や思想の吸収に懸命であった。こうした明治新政府の創設期における附属小学校には①練習学校②実験・研究学校③模範学校という3つの性格づけが行われていた。明治初期における附属小学校の普及状況を示したのが、〈表1〉である。師範学校と附属小学校の関係は「師範学校ト小学トハ猶水源ト水流トノ如シ」といわれ、明治初期から一体的なものとして捉えられていた。

附属学校は、実態としてしだいに模範学校的な性格が強化されはじめる。その背景には、1880年（明治13年）の「改正教育令」の成立に象徴される国の教育行政権の拡大があった。1880年頃には自由民権運動が盛んとなり、国会期成同盟が成立した。と同時に集会条例、刑法・治罪法が制定された。また学校における教育課程は、名実ともに国家管理下に置かれ、府知事県令は文部大臣の定めた綱領に準拠して、小学校教則を定めた。その際に附属小学校は、教則にもとづく模範的な実践を展開することになった。その模範学校としての法制化を行ったのが、1883年（明治16年）の「府県立師範学校通則」である。一方、その年にはルネサンス様式の鹿鳴館が落成し、欧化が押し進められた。

1890年（明治23年）には「小学校令」の制定ならびに「教育に関する勅語」を発令、翌年の11月には「尋常師範学校附属小学校規則」が公布された。これは5条からなる附属小学校に関するわが国最初の単独規定である。特徴としては①「小学校令」からの準用が多い②文部大臣の許認可事項が極めて多い③設備については「管内最多数ノ小学校ノ設備ヲ例トシ」④「単級ノ制タル学級」（単級学級）の必置、授業料不徴収規定などをあげることができる。ちなみに1890年（明治23年）には第1回

〈表1〉附属小学校の普及状況

年	附属小学校（うち官立）	官公立師範学校（うち官立）	備考
1876（明9）	25校（7）	104校（9）	東京師範学校の小学師範学科、中学師範学科は各1校とす
1877（明10）	30校（5）	98校（6）	1877.2.14　愛知、広島、新潟の3官立師範学校廃止
1878（明11）	27校（2）	104校（3）	1878.2.14　大阪、長崎、宮城の3官立師範学校廃止
1879（明12）	34校（2）	89校（2）	
1880（明13）	37校（2）	76校（2）	
1881（明14）	37校（2）	70校（2）	
1882（明15）	42校（2）	78校（2）	
1883（明16）	47校（2）	80校（2）	
1884（明17）	50校（2）	65校（2）	
1885（明18）	47校（1）	57校（1）	1885.8　東京師範学校と東京女子師範学校合併

本表は、著者が『文部省第四年報』（1876）～『文部省第十三年報』（1885）の中の「師範学校一覧表」から一部訂正の上作成した。
藤枝静正「国立大学附属学校の研究―制度史的考察による「再生」への展望―」（1996年12月25日　風間書房　P9）

総選挙、第1回帝国議会が開催されている。

　さらに、1897年（明治30年）には「師範教育令」が制定され、わが国の師範教育基本的な骨格が固まった。これによって、教員養成学校は①高等師範学校②女子高等師範学校③師範学校の3種となった。この時期になると附属小学校の目的は、それ以前に比べてさらに画一性が強められ、「附属小学校ハ小学校令第1条ノ本旨ニ拠リ児童ヲ教育シ、本校生徒ニ実地授業ノ練習ヲ為サシメ兼テ小学校教育方法ニ関スル諸般ノ事項ヲ研究スル所トス」と規定された。このように附属小学校は、府県内小学校の模範的研究所であるべきと定義づけられたのである。たとえば、二部授業の研究や国定教科書の教授細目の作成や管内小学校への配布といった課題が与えられた。

　戦前の師範学校には「附属小学校」のほかに「代用附属小学校」という制度があった。師範学校附属小学校の代わりに、あるいはその補充補完として用いられた市町村立小学校もしくは国民学校があった。

　附属小学校の生徒・児童数はどのように推移したのであろうか。これを示すのが、〈表2〉である。


〈表2〉公立（道府県立）師範学校生徒数および附属小学校児童数の変遷

年度	師範学校生徒数	増減	附属小学校児童数	増減
1887（明20）	4754	—	—	—
1892（明25）	5,357	000		—
1897（明30）	8,830	3,473	18,925	—
1902（明35）	19,194	10,364	23,539	4,604
1907（明40）	19,359	165	29,803	6,274
1912（大1）	27,653	8,294	36,032	6,229
1917（大6）	25,785	△1,868	39,837	3,805
1922（大11）	31,263	5,478	40,066	229
1927（昭2）	49,394	18,131	42,713	2,647
1932（昭7）	36,867	△12,527	45,464	2,751

著者が各年度の『文部省年報』の資料によって作成した。

藤枝静正「国立大学附属学校の研究—制度史的考察による「再生」への展望—」（1996年12月25日　風間書房　P30）

エリート校というイメージが形成された歴史的背景

　つづいて、「附属」のイメージは、どのように形づくられたのであろうか。各府県立師範に附属小学校の設置を初めて義務づけたのは、1883年（明治16年）の「府県立師範学校通則」である。ここで承認された「管内小学校ノ模範トナスモノトス」とするモデル機能は、戦前の附属小学校の顕著な特徴となり、附属のエリート学校化現象も、このモデル機能の肥大化、突出化傾向と密接に結びついているということができる。

　当然、こうしたエリート校、「リトル学習院」は普通学校から「遊離」し、ついに1891年（明治24年）には「尋常師範学校附属小学校規定」を設け、附属の一定の変更を求めることになった。先に触れた「単級学級」ならびに「二部授業」、「特別学級」の附属小学校内設置などである。

　附属小学校の一般小学校からの遊離問題、あるいは附属小学校と師範学校との一体性の欠如といった課題に対して、第一次世界大戦後、臨時教育会議は1918年（大正7年）、「師範教育ノ改善ニ関スル件」を答申した。この答申では①「附小ニ於イテ地方ニ適切ナル教育ノ研究ヲ完ウスヘキコト」②「附小ニ於イテ地方ニ適切ナル小学校教育ノ経済的施設ヲ研究スル為各種ノ編制ノ学級ヲ設ケ又付近ノ小学校ヲ利用シテ農村商工業地等ノ教育ニ関スル特殊ノ研究ヲ遂グヘキコト」としている。研究機能の重視は、附属小学校側からも出されるようになってきた。この前年、1917年（大正6年）には、ボルシェビキによるロシア十月革命が起こり、1918年（大正7年）には全国各地で米騒動が発生、シベリア出兵も行われた。

　1920年（大正9年）に開催された国師範学校附属小学校主事会の第1回会議では、附属小学校が今後、研究機関としての使命をまっとうするには、「附小に研究の自由を与える」ことの重要性を強調している。さらに、1922年（大正11年）に開催された第2回大会でも、教科および編制に関する特別なる施設を認めること、練習学級以外に「研究学級」を設けること、などが決議され、研究費支出についての要求が表明されている。

第二次世界大戦から敗戦、占領政策の時代における附属学校の変遷を、たとえばお茶の水女子大附属で見ると次のようになる。1941年（昭和16年）、国民学校令により東京女子高等師範学校附属国民学校に改称。1944年（昭和19年）、附属国民学校児童が東村山郊外園へ疎開。1945年（昭和20年）、富山県へ再疎開。1946年（昭和21年）、授業を再開。1947年（昭和22年）、高等科を廃止、東京女子高等師範学校附属小学校（新制）として発足。附属中学校（新制）を設置。1952年（昭和27年）、東京女子高等師範学校の廃止にともない、お茶の水女子大学文教育学部附属小学校と改称し、現在にいたる。

そうしたなか、1946年（昭和21年）、ジョージ・D・ストダード博士を団長とする米国教育界代表27名から成る米国教育使節団は、日本に1カ月間滞在し、その間、連合国最高司令部民間情報教育部教育課の将校および日本側教育者委員、各種職域代表者とも協議し報告書を作成した。この使節団は占領当初の禁止指令、たとえば帝国主義および国家主義的神道を学校から根絶すべしとした。そして師範学校に関しては「必要とせられる種類の教師を養成するように、改革されるべきである。師範学校は現在の中学校と同程度の上級中等学校の全課程を修了したるものだけに入学を許し、師範学校予科の現制度は廃止すべきである。現在の高等師範学校とほとんど同等の水準において、再組織された師範学校は四年制となるべきである。この学校では一般教育が続けられ、未来の訓導や教諭に対して十分なる師範教育が授けられるであろう。教員免許状授与をなすその他の教師養成機関においては、公私を問わず新師範学校と同程度の教師養成訓練が、十分に行われなくてはならない。教育行政官および監督官も、教師と同等の師範教育を受け、さらにその与えられるべき任務に適合するような準備教育を受けなくてはならぬ。大学およびその他の高等教育機関は、教師や教育関係官吏がさらに進んだ研究をなしうるような施設を拡充すべきである。それらの学校では、研究の助成と教育指導の実を挙げるべきである」としている。

こうして研究・実験学校化の具体的動きがはじまった。まずは長野師範学校男子部附属小学校が教科書局実験学校となったことを機に、低学年の社会科を「総合授業」とし実験学習に踏み切った。ついで1948年（昭和23年）には東京大学の附属学校が文字通りの「実験研究学校」という構想のもとにスタートしている。1947年（昭和22年）、教育学者の宗像誠也は日本の教育学の観念的性格に触れて「観念的な教育学は必然的に高踏的になった」とし、帝大系の教育学科が附属学校、実験学校を持っていなかった点を批判した。

1949年（昭和24年）、「国立大学設置法」が制定されたが、この

〈表3〉1971（昭和46）年度附属学校入学志願者選抜方法一覧（文部省調査）

①小学校、中学校および高等学校

区分		小学校	中学校	高等学校
抽選を行う	テスト等により適格者を選び抽選で決定	27校	54校	0校
	発育検査と面接で適格者を選び抽選で決定	37校	3校	0校
	抽選後、発育検査、面接等により決定	4校	1校	0校
	抽選のみで決定	1校	2校	0校
抽選を行わない	発育検査と面接で決定	0校	1校	0校
	テスト等により選抜し決定	2校	15校	15校
	計	71校	76校	15校

②幼稚園

区分		幼稚園
抽選を行う	心身の発育調査、面接で候補者を選び抽選で決定	32園
	知能検査等で候補者を選び抽選で決定	8園
	抽選後、発育調査、面接等で決定	6園
	抽選後、発育調査、テスト等を行い、さらに抽選で決定	0園
抽選を行わない	心身の発育調査、面接等で決定	0園
	心身の発育調査、面接で候補者を選びテストを行う	0園
	計	46校

藤枝静正「国立大学附属学校の研究―制度史的考察による「再生」への展望―」（1996年12月25日　風間書房　P134）

なかには附属学校に関する実質的な規定はなかった。これに対して1950年(昭和25年)、「全国国立大学附属学校設置要望」という文書が日本大学協会・全国国立大学附属学校連盟の名で出された。この文書中で、附属学校の目的として、一般普通教育に加え①研究学校②実証学校③実習学校④現職教育学校という特殊任務を遂行する機関であるとしている。

数々の廃止論を経て 見直しがはかれきた教育体系

　戦後、「附属」を存続させるべきか、廃止すべきかについて関係者、ジャーナリズムなどでも種々の議論が重ねられたが、法制上、附属学校が初めて正式な根拠を得たのは、1951年(昭和26年)の「国立学校設置法一部改正」であり、「学部附属の学校又は教育研究施設」を設置するとしている。その例として(大学名称)東京大学、(学部)教育学部、(学校、教育施設又は研究施設)中学校、高等学校などが示された。この戦後の附属学校改革の基調によって明確に戦前の師範学校附属小学校の模範学校性、特権的エリート学校性が否定され、より積極的に大学・学部での教育研究と密接に結びついて運営されるべく研究・実験学校化への強い志向が生まれた。

　しかし、1951年(昭和26年)以降今日にいたるまで、附属学校は教育実習学校としてはともかく、教育の研究・実験学校としての機能を十分にはたしてきただろうか。そうとは思えない出来事がしばしば発生した。附属学校にかかわる不正入学贈収賄、過大学級問題、予算外・非公認学級などのヤミ学級問題、寄付金等の父母負担問題などが噴出したからだ。やはり、附属学校はエリート学校だからこの種の問題が起きる、これでは受験教育中心の私立大学と変わらない学校ではないか、と揶揄されたことも。

　転機は昭和40年代。附属学校入試にからんだ贈収賄事件が発生し、入学者選抜方式の見直しが広く行われたのだ。〈表3〉は1969年(昭和46年)時点での入学者選抜方式を示している。

　なお、最近の全国の附属学校における「学校要覧」で注目すべき特徴のひとつは、「一貫教育の重視」である。〈表4〉をご覧いただければ明確だ。附属学校における一貫教育は、幼・小・中・高といった「タテ」系列のなかでの連絡性と、同一大学附属として同種類の学校が複数存在する場合の「ヨコ」の連絡性とがあることがわかる。さまざまな変遷を経て、国立大学附属学校は現在のような教育体系を構築するにいたったのだ。

〈表4〉各大学・学部附属学校の学校種類別類型表

タイプ	設置されている学校種類	大学・学部数	具体例(教育学部以外のみ学部名を示す)
Ⅰ	幼・小・中・高・養	5学部	東学大、金沢大、愛教大、京教大、大教大
Ⅱ	幼・小・中・養	33学部	北教大、弘前大、岩手大、宮城大、埼玉大、千葉大、鳴教大(学校教育)、神戸大(発達科学)、岡山大、愛媛大、熊本大、大分大、鹿児島大など
Ⅲ	幼・小・中・高	3 { 2大学 1学部	お茶の水女子大、広島大、奈良女子大(文学)
Ⅳ	幼・小・中	6学部	上越教大(学校教育)、兵庫教大(学校教育)、奈良教大、島根大、福岡教大、宮崎大
Ⅴ	小・中・養	2学部	横浜国大、和歌山大
Ⅵ	小・中	2学部	岐阜大、琉球大
Ⅶ	中・高	2学部	東京大、名古屋大
Ⅷ	高	3学部	東京芸大(音楽)、東工大(工学)、愛媛大(農学)
Ⅸ	小・中・高・養・盲・聾	1大学	筑波大
	計	3大学 54学部	

備考:平成7年度現在。「国立学校設置法施行令」により作成。
藤枝静正「国立大学附属学校の研究—制度史的考察による「再生」への展望—」(1996年12月25日　風間書房　P165)

全国国立大学附属学校園一覧

全国259学校園の教育の特徴、入学選考情報を網羅!

義務教育高化が加速度を増し、高大連携の強化に拍車がかかるなどユニークな取り組みが目白押し。詳細は各校のWEBサイトなどでご確認ください。なお説明会開催日、選考実施日は平成29年9月中旬現在で公開している情報です。

北海道

学校園名	◎特徴 住所	電話番号	幼稚園学校説明会 開催日	平成30年度入園入学 選考日
北海道教育大学附属札幌小学校	◎「共生の文化を創造する学校」。昔からの文化や伝統を大切にしている 札幌市北区あいの里5条 3-1-10	011-778-0471	10月10日(火)・11日(水)	12月1日(金)・2日(土)
北海道教育大学附属札幌中学校	◎「自主 明朗 知・徳」が学校目標。地域の教育課題を解決するモデル校 札幌市北区あいの里5条 3-1-11	011-778-0481	開催終了(8月26日)	1次(抽選)12月3日(日)、2次9日(土)・10日(日)
北海道教育大学附属函館幼稚園	◎「いきいきと活動する子」の育成を目指す。毎日17時までの預かり保育(詳細はP6を参照) 函館市美原 3-48-6	0138-46-2237	10月2日(月)	11月18日(土)
北海道教育大学附属函館小学校	◎ アクティブラーニング実践のためICTを活用した小中連携プロジェクト(詳細はP6を参照) 函館市美原 3-48-6	0138-46-2235	11月20日(月)	1月10日(水)・11日(木)
北海道教育大学附属函館中学校	◎ 日本のトップクラスで活躍する卒業生と交流できるCL学習の取り組み(詳細はP6を参照) 函館市美原 3-48-6	0138-46-2233	10月28日(土)	1月6日(土)
北海道教育大学附属特別支援学校	◎ 在籍または卒業した保護者の悩みなどを共有できるワークショップあり(詳細はP6を参照) 函館市美原 3-48-1	0138-46-2515	11月8日(水)	小・中12月13日(水)・高14日(木)
北海道教育大学附属旭川幼稚園	◎ 知・徳・体の調和がとれた人間性豊かな子どもの育成を目指す 旭川市春光5条 2-1-1	0166-54-3556	10月26日(木)・11月27日(月)	12月17日(日)
北海道教育大学附属旭川小学校	◎「いじめ防止基本方針」や対策委員会の設置など、いじめ防止に積極的 旭川市春光4条 1-1-1	0166-52-2361	オープンスクール11月5日(日)	1月22日(月)
北海道教育大学附属旭川中学校	◎ 生徒たちによるいじめ防止の呼びかけ運動の取り組みを毎年実施 旭川市春光4条 2-1-1	0166-53-2751	10月9日(金)	12月16日(土)
北海道教育大学附属釧路小学校	◎ 全国の附属学校で最東端。厳しくも豊かな自然条件の下「たくましい北国の子」を育成 釧路市桜ケ岡 7-12-48	0154-91-6322	オープンデー11月19日(日)	1月9日(火)
北海道教育大学附属釧路中学校	◎「授業で勝負」を合言葉に生徒は授業、教師は教育研究が楽しいという気風がある 釧路市桜ケ岡 7-12-2	0154-91-6857	オープンデー11月12日(日)	12月23日(土)

東北

学校園名	◎特徴 住所	電話番号	幼稚園学校説明会 開催日	平成30年度入園入学 選考日
弘前大学教育学部附属幼稚園	◎ 大学と連携し食物を栽培する活動を実施。幼児教育の公開研究会を県内で唯一開催 弘前市学園町 1-1	0172-32-6815	随時(連絡必要)	男10月12日(木)・女13日(金)
弘前大学教育学部附属小学校	◎ 教育目標は「若き紳士・淑女を育てる」。アクティブ・ラーニングを活かした授業に力を注ぐ 弘前市学園町 1-1	0172-32-7202		12月9日(土)
弘前大学教育学部附属中学校	◎ 教育目標は「自主・創造・気品」。明るい雰囲気の中で学習や各種活動に励む 弘前市学園町 1-1	0172-32-7201		12月23日(土)
弘前大学教育学部附属特別支援学校	◎ 地方創生の流れの中、地域活性化の中核的活動拠点としてさまざまな取り組みを実践 弘前市富野町 1-76	0172-36-5011	開催済み(6月13日・14日)	11月16日(木)
岩手大学教育学部附属幼稚園	◎「心身ともにたくましく心豊かな子ども」を育成。花を育てる「花育」を中心とした環境教育を展開 盛岡市加賀野 3-9-1	019-622-4691	10月3日(火)	3歳11月28日(火)・4歳29日(水)
岩手大学教育学部附属小学校	◎「未来を切り拓く人間」が教育目標。英語学習の推進、フィールドワーク、合唱コンサートを実施 盛岡市加賀野 2-6-1	019-623-7275	10月4日(水)公示	10月4日(水)公示
岩手大学教育学部附属中学校	◎ 教育目標「よく考え、誠をもって働く人間」を目指してすべての教育活動を展開 盛岡市加賀野 3-9-1	019-623-4241	11月13日(月)	1月11日(木)
岩手大学教育学部附属特別支援学校	◎ 現在及び将来の社会生活において主体的に豊かに生きる人を育成する 盛岡市東安庭 3-4-20	019-651-9002	10月25日(水)	小12月8日(金)・中・高7日(木)

秋田大学教育文化学部附属幼稚園	◎ 主体性を育てるための「自発的な遊び」を重視。200本の樹木に囲まれた自然豊かな環境			
	秋田市保戸野原の町 14-32	018-862-2343	10月2日(月)	10月2日(月)公示
秋田大学教育文化学部附属小学校	◎「自律 のびのび きびきび わくわく」が教育目標。他学年との交流活動が活発			
	秋田市保戸野原の町 13-1	018-862-2593	10月10日(火)	10月10日(火)公示
秋田大学教育文化学部附属中学校	◎ 教育目標「あの丘を越えよ〜高い志をもち一人一人が未来を拓く」を胸に高みを目指す			
	秋田市保戸野原の町 7-75	018-862-3350	10月7日(土)	12月26日(火)・27日(水)
秋田大学教育文化学部附属特別支援学校	◎ 異学年交流で先輩後輩の学び合いや大学・附属学校園を活用した作業学習が充実			
	秋田市保戸野原の町 7-75	018-862-8583	開催済み(中6/2・8/25・高6/8・8/24)	小・中12月8日(金)・高1月12日(金)
宮城教育大学附属幼稚園	◎ 好きな遊びを通して自発的な活動を促す「すきな遊び」の活動時間が特徴的			
	仙台市青葉区上杉 6-4-1	022-234-0305	開催済み(8月23日)	1次女9月19日(火)・男20日(水)、2次10月16日(月)
宮城教育大学附属小学校	◎「子供が問いを持ち追究し続ける授業〜主体的に学ぶ姿を求めて」が研究主題(詳細はP10を参照)			
	仙台市青葉区上杉 6-4-1	022-234-0318	開催済み(9月13日)	1次11月1日(水)、2次10日(金)
宮城教育大学附属中学校	◎ 県内における中学校教育の先導的・先進的モデルとして大学との共同研究を進める			
	仙台市青葉区上杉 6-4-1	022-234-0347	9月28日(木)	12月19日(火)
宮城教育大学附属特別支援学校	◎ 教育活動の多くの場面で大学教官や特別支援教育専攻の学生との連携が図られる			
	仙台市青葉区荒巻字青葉 395-2	022-214-3353	教育相談小・中10月5日(木)まで・高11月2日(木)まで	小・中10月31日(火)・高12月1日(金)
山形大学附属幼稚園	◎「心豊かでたくましい子どもの育成」を目指し語学・自然科学など大学の専門性が生かされる			
	山形市松波 2-7-1	023-641-4446	開催済み(8月22日)	9月27日(水)・28日(木)
山形大学附属小学校	◎「太陽の子・北国の子・日本の子」が教育目標。学習交流会など幼・小・中の連携に力を注ぐ			
	山形市松波 2-7-2	023-641-4443	開催済み(8月19日)	10月2日(月)公示
山形大学附属中学校	◎ 対話力・実践力を掲げ学校研究を実施。県が推進する「探求型学習」に協力し授業を公開			
	山形市松波 2-7-3	023-641-4440	10月21日(土)	10月21日(土)公示
山形大学附属特別支援学校	◎ 大学と連携した学習と就労支援を行う。様々な交流・共同学習への取り組みが充実			
	山形市飯田西 3-2-55	023-631-0918	開催済み(7月4日)	小・高11月30日(木)・中12月1日(金)
福島大学附属幼稚園	◎「遊びを中心とした保育」に取り組む。収穫した野菜の調理・実食など日常的な食育を実践			
	福島市浜田町 12-39	024-534-7962	9月28日(木)	10月24日(火)・25日(水)
福島大学附属小学校	◎ 未来の可能性に立ち向かって愛と英知をもちたくましく前進する、創造性豊かな人間を育成			
	福島市新浜町 4-6	024-534-3942	開催済み(9月7日)	12月2日(土)
福島大学附属中学校	◎ 豊かな知性と誠実な社会性をもち実践力のある心身ともに健康な生徒を育成			
	福島市浜田町 12-26	024-534-6442	9月30日(土)	12月9日(土)
福島大学附属特別支援学校	◎ 児童生徒にとって成長の機会となる校外学習などの自然体験活動が充実			
	福島市八木田字並柳 71	024-546-0535	教育相談 10月7日(土)まで	小・中12月4日(月)・高5日(火)

関　東

学 校 園 名	◎ 特　徴			
	住　所	電話番号	幼稚園学校説明会 開催日	平成30年度入園入学 選考日
茨城大学教育学部附属幼稚園	◎ 自主性・創造性を養い明るく健全な心身の発達を助成。「鬼ごっこ」を集中して実施			
	水戸市三の丸 2-6-8	029-224-3708	10月2日(月)	3歳10月24日(火)・4歳25日(水)
茨城大学教育学部附属小学校	◎「個の確立とはらからの精神」が教育目標。縦割り班での清掃活動などを実施			
	水戸市三の丸 2-6-8	029-231-2831		11月16日(木)
茨城大学教育学部附属中学校	◎ 生徒一人一人が「自主の名門」を自負。個性を認め合い尊重し合える校風			
	水戸市文京 1-3-32	029-221-5802	10月21日(土)	12月9日(土)
茨城大学教育学部附属特別支援学校	◎ 児童生徒の学校生活の様子を写真と合わせてホームページに毎日アップ			
	ひたちなか市津田 1955	029-274-6712	就学相談随時受付	小・中11月22日(水)・高1月18日(木)
宇都宮大学教育学部附属幼稚園	◎「ひと・もの・文化」を教育課程の中心にすえ幼小の滑らかな接続のため教科を7系統に分ける			
	宇都宮市松原 1-7-38	028-622-9051	10月13日(金)・31日(火)	3歳12月20日(水)・21日(木)・4歳19日(火)・21日(木)
宇都宮大学教育学部附属小学校	◎ 自ら考える力と創造的な知性や技能を養い 強靭な意志力を持った 健康で心豊かな子どもを育てる			
	宇都宮市松原 1-7-38	028-621-2291		
宇都宮大学教育学部附属中学校	◎ 生活上の規範を正しく判断・実践できる「セルフコントロールできる生徒」を育成			
	宇都宮市松原 1-7-38	028-621-2555	10月10日(火)	10月10日(火)公示
宇都宮大学教育学部附属特別支援学校	◎ 明るいあいさつが行き交う学校。互いに思いやりをもった児童生徒が学ぶ			
	宇都宮市宝木町 1-2592	028-621-3871	個別の入学相談予約必要	小・中12月12日(火)・高13日(水)
群馬大学教育学部附属幼稚園	◎「健康で生き生きした子どもに育てる」。大学音楽科学生による演奏会など連携活動が充実			
	前橋市若宮町 2-5-3	027-231-3170	10月16日(月)	3歳12月19日(月)・24日(土)・4歳20日(火)・24日(土)
群馬大学教育学部附属小学校	◎「つよく ただしく かしこく」が教育目標。伝統ある学年別オリエンテーリング、林間学校などが盛ん			
	前橋市若宮町 2-8-1	027-231-5725	10月16日(月)	1次11月19日(日)、2次1月12日(金)
群馬大学教育学部附属中学校	◎ 校風は「すこぶる明朗活発」。特に学友会(生徒会)活動が盛ん			
	前橋市上沖町 612	027-231-3023	10月16日(月)	12月9日(土)・1月27日(土)
群馬大学教育学部附属特別支援学校	◎ 開校以来「子どもがいて学校がある」をモットーに子ども主体の学校づくりに取り組む			
	前橋市若宮町 2-8-1	027-231-1384	合同10月16日(月)、小・中4日(水)・高3日(火)	9月29日公示

埼玉大学教育学部附属幼稚園	◎「子どもの自らのびる力を育てる」が教育目標。園庭の全面芝生化などでPTAと連携			
	さいたま市浦和区常盤 8-13-1	048-833-6288	開催済み (8 月 29 日)	11 月 7 日公示
埼玉大学教育学部附属小学校	◎ 勤労をいとわない自主的精神が旺盛で人間性豊かなよき社会人を育成する			
	さいたま市浦和区常盤 6-9-44	048-833-6291	10月31日(火)、入学検査日程説明会11月中旬	10 月 2 日公示
埼玉大学教育学部附属中学校	◎ 正しい判断力とたくましい実践力をもった自主的人間の形成。帰国生徒の受け入れが盛ん			
	さいたま市南区別所 4-2-5	048-862-2214	11 月 25 日 (土)	11 月 1 日公示
埼玉大学教育学部附属特別支援学校	◎ キャリア教育の視点を生かし長期的な観点からの教育課程づくりに取り組む			
	さいたま市北区日進町 2-480	048-663-6803	開催済み (9 月 7 日)	小11月17日(金)・中16日(木)・高12月22日(金)
千葉大学教育学部附属幼稚園	◎ 子供みずから動きたくなるような園環境の研究を進める(詳細はP18を参照)			
	千葉市稲毛区弥生町 1-33	043-251-9001	開催済み (9 月 6 日)	10 月 2 日 (月) 公示
千葉大学教育学部附属小学校	◎ 文化教育セミナーの開催、保護者同好会などが活発(詳細はP18を参照)			
	千葉市稲毛区弥生町 1-33	043-290-2462	10 月中旬公示予定	10 月中旬公示予定
千葉大学教育学部附属中学校	◎ 情報教育が盛ん、生徒1人がタブレット端末1台を使用(詳細はP18を参照)			
	千葉市稲毛区弥生町 1-33	043-290-2493	10 月 7 日 (土)	10 月 2 日公示
千葉大学教育学部附属特別支援学校	◎ 働く活動を学校生活に大きく位置づけ社会とかかわりを大切にする(詳細はP18を参照)			
	千葉市稲毛区長沼原町 312	043-258-1111	10 月 16 日 (月)	小・中 11 月 27 日 (月)・高 28 日 (火)
筑波大学附属小学校	◎ 世界各国からの参観者も多く、研究成果などの紹介を通して国際交流を行う			
	文京区大塚 3-29-1	03-3946-1392		11月10日(金)・12月17日(日)-19日(火)・21日(木)
筑波大学附属中学校	◎ 校訓は「強く正しく朗らかに」。調和的な心身の発達と確かな知性を育成			
	文京区大塚 1-9-1	03-3945-3231	10 月 7 日 (土)	2 月 3 日 (例年)
筑波大学附属高等学校	◎ 文科省のSGH指定を受けグローバルな課題解決ができる国際的な人材育成を目指す			
	文京区大塚 1-9-1	03-3941-7176	10 月 7 日 (土)	2 月 13 日 (29 年度)
筑波大学附属駒場中学校	◎ 文科省指定SSHとして豊かな教養と探究心あふれるグローバルサイエンティストを育成			
	世田谷区池尻 4-7-1	03-3411-8521	10 月 7 日 (土)・8 日 (日)	2 月 3 日 (例年)
筑波大学附属駒場高等学校	◎ 文科省指定SSHとして豊かな教養と探究心あふれるグローバルサイエンティストを育成			
	世田谷区池尻 4-7-1	03-3411-8521	10 月 8 日 (日)	2 月 13 日 (29 年度)
筑波大学附属坂戸高等学校	◎ 文科省のSGH指定を受け国際的視野の獲得を目指したプログラムを実践			
	坂戸市千代田 1-24-1	049-281-1541	10月22日・11月12日・12月10日全て(日)	一般入試 2 月 6 日 (火)
筑波大学附属大塚特別支援学校	◎ 世界水準の教育を目指しているミライ志向の研究実践校(詳細はP14を参照)			
	文京区春日 1-5-5	03-3813-5569	幼10月2日(月)・小18日(水)・25日(水)・中高17日(火)	12 月 5 日 (火)-7 日 (木) を予定
筑波大学附属久里浜特別支援学校	◎ 自閉症児のための教育課程に関する研究に取り組み一貫した教育カリキュラムを開発			
	横須賀市野比 5-1-2	046-848-3444	幼 11 月 27 日 (月)・30 日 (木)、小は終了	幼1次1月24日(水)・2次31日(水)、小1次11月6日(月)・2次17日(金)
お茶の水女子大学附属幼稚園	◎「人生教育の基本となる根の力」を育成(詳細はP22を参照)			
	文京区大塚 2-1-1	03-5978-5881	開催済み (7 月 8 日)	募集要項 10 月 30 日から
お茶の水女子大学附属小学校	◎「食に対して能動的な子ども」がテーマ(詳細はP22を参照)			
	文京区大塚 2-1-1	03-5978-5874	10 月 7 日 (土)・21 日 (土)	募集要項 10 月 7 日配布開始
お茶の水女子大学附属中学校	◎ 40年の歴史をもつ「自主研究」の時間を設ける(詳細はP22を参照)			
	文京区大塚 2-1-1	03-5978-5864	10 月 21 日 (土)・11 月 3 日 (金)	2 月 3 日 (29 年度)
お茶の水女子大学附属高等学校	◎ 社会に有意な教養高い女性を目指し真摯に努力する生徒を育てる(詳細はP22を参照)			
	文京区大塚 2-1-1	03-5978-5857	開催済み (6 月 11 日・9 月 17 日)	2 月 13 日 (火)
東京学芸大学附属幼稚園小金井園舎	◎「感動する子ども・考える子ども・行動する子ども」を育む。地域と密接な関係			
	小金井市貫井北町 4-1-1	042-329-7812	開催済み (8 月 28 日・9 月 6 日)	9 月 30 日公示
東京学芸大学附属幼稚園竹早園舎	◎ 自分のしたいことに取り組む中で友達の気持ちを考えながら行動できる子を育てる			
	文京区小石川 4-2-1	03-3816-8952		男 12 月 19 日 (火)・女 20 日 (水)
東京学芸大学附属世田谷小学校	◎ 先進的な学校研究および地域の現職教員研修機関として存在感のある学校を目指す			
	世田谷区深沢 4-10-1	03-5706-2131	10 月 2 日 (日)	11 月 29 日 (水) より
東京学芸大学附属世田谷中学校	◎ 基本学習・総合学習・生活学習を有機的に結びつけ「21世紀型能力」を習得			
	世田谷区深沢 4-3-1	03-5706-3301	オープンスクール開催済み (9 月 16 日)	2 月 3 日 (例年)
東京学芸大学附属小金井小学校	◎ 明るく思いやりのある子 強くたくましい子 深く考える子を育成。「インクルーシブ教育」を推進			
	小金井市貫井北町 4-1-1	042-329-7821	開催済み (9 月 16 日)	11 月 29 日 (水)・30 日 (木)
東京学芸大学附属小金井中学校	◎ 半年近くの事前学習を経て学ぶ力を育む各学年の修学旅行を実施			
	小金井市貫井北町 4-1-1	042-329-7833	10 月 1 日 (日)	2 月 3 日 (例年)
東京学芸大学附属大泉小学校	◎ 体験教育、実学・労作教育を重視。ユネスコスクールとしてグローバル人材の育成に力をいれる			
	練馬区東大泉 5-22-1	03-5905-0200	開催済み (9 月 23 日)	1次10月21日(土)、2次11月29日(水)・30日(木)、3次12月2日(土)
東京学芸大学附属竹早小学校	◎「生活のなかで生きてはたらく力」の育成に重点を置く(詳細はP26を参照)			
	文京区小石川 4-2-1	03-3816-8941	開催済み	1次10月21日(土)、2次男11月29日(水)・女30日(木)、3次12月2日(土)
東京学芸大学附属竹早中学校	◎ 自ら求め、考え、表現し、実践できる生徒を育てる(詳細はP26を参照)			
	文京区小石川 4-2-1	03-3816-8601	11 月 3 日 (金)	10 月下旬公示、2 月 3 日 (例年)
東京学芸大学附属国際中等教育学校	◎「多様性の意義を認識するとともに寛容性・耐性を育もう」教育目標より(詳細はP30を参照)			
	練馬区東大泉 5-22-1	03-5905-1326	10 月 14 日 (土)	2 月 3 日 (土)
東京学芸大学附属高等学校	◎ 多様な社会で柔軟に対応できる幅広い教養と応用力が育つ授業を行う			
	世田谷区下馬 4-1-5	03-3421-5151	10 月 7 日 (土)・8 日 (日)	2 月 13 日 (火)

東京学芸大学附属特別支援学校	◎ 自立と社会参加をめざして個性・能力を調和的に高めるための主体的な行動力を身につける	東久留米市氷川台 1-6-1	042-471-5274	10月24日(火)	幼12月7日(木)・中5日(火)・高6日(水)
東京大学教育学部附属中等教育学校	◎ アクティブラーニングの研究・実践。他に比類のない「双生児研究」	中野区南台 1-15-1	03-5351-9050	11月5日(日)	2月3日(土)
東京藝術大学音楽学部附属音楽高等学校	◎ 高大連携による音楽専門教育を推進(詳細はP34を参照)	台東区上野公園 12-8	050-5525-2406	開催済み(7月8日)	1月20日(土)-24日(水)
東京工業大学附属科学技術高等学校	◎ 文科省のSSH、SGHの指定を受け新科目を開発し教育研究を進める	港区芝浦 3-3-6	03-3453-2251	10月28日(土)・11月18日(土)	2月13日(火)
横浜国立大学教育人間科学部附属鎌倉小学校	◎ ユネスコスクールに認可されESD(持続可能な開発のための教育)を実践	鎌倉市雪ノ下 3-5-10	0467-22-0647	開催済み(9月6日)	1次11月15日(水)・16日(木)、2次18日(土)
横浜国立大学教育人間科学部附属鎌倉中学校	◎ 小中一貫校を目指した教育の推進。総合的横断的にダイナミックな授業構成を実践	鎌倉市雪ノ下 3-5-10	0467-22-2033	11月15日(水)	9月29日公示(例年2月3日)
横浜国立大学教育人間科学部附属横浜小学校	◎「共につくりあげる子どもの姿を追い求めて」がテーマの教育課程つくり	横浜市中区立野 64	045-622-8322	10月2日(月)	1次11月14日(火)、2次16日(木)、3次18日(土)
横浜国立大学教育人間科学部附属横浜中学校	◎ ICT教育を推進し1人1台のタブレットPC、全ての普通教室に電子黒板を配備	横浜市南区大岡 2-31-3	045-742-2281	10月28日(土)	2月3日(例年)
横浜国立大学教育人間科学部附属特別支援学校	◎ 一人一人の発達と自立への指導を実施	横浜市南区大岡 2-31-3	045-742-2291	開催済み	
山梨大学教育学部附属幼稚園	◎「子どもが主体となる保育」の研究と実践。災害時に備えた付属校園間の連携体制を構築	甲府市北新 1-2-1	055-220-8320	開催済み	10月26日(木)・27日(金)
山梨大学教育学部附属小学校	◎「ともに学び ともに生きる 心美しき子ども」が教育目標。付属学校園との連携が盛ん	甲府市北新 1-4-1	055-220-8291	10月7日(土)	11月10日(金)、抽選11月12日(日)
山梨大学教育学部附属中学校	◎ 学ぶことに誠実、健康で情操豊か、自らの可能性に積極的に挑戦し互いの良さを認める生徒	甲府市北新 1-4-2	055-220-8310	10月7日(土)	1月13日(土)
山梨大学教育学部附属特別支援学校	◎ 自ら考え行動し、まわりの人と助け合いながら生き生きと生活できるたくましい心と体を養う	甲府市天神町 17-35	055-220-8282	開催済み(6月14日)	小11月17日(金)・中21日(火)・高22日(水)

北　信　越

学校園名	◎ 特徴	住所	電話番号	幼稚園学校説明会 開催日	平成30年度入園入学 選考日
新潟大学教育学部附属幼稚園	◎「社会的な知性を養う」ことが研究主題。幼児教育でのキャリア教育、グローバル化を推進	長岡市学校町 1-1-1	0258-32-4192	開催済み(9月25日)	10月12日(木)・13日(金)
新潟大学教育学部附属新潟小学校	◎ PDCAサイクルを用いた学級づくりなど先進的な取り組みを実施	新潟市中央区西大畑町 5214	025-223-8321	11月6日(月)	10月16日(月)公示
新潟大学教育学部附属新潟中学校	◎「社会を生き抜く力」の基盤となる思考力や仲間と協働して学ぶ力を高める授業を実践	新潟市中央区西大畑町 5214	025-223-8341	11月5日(日)	11月1日公示
新潟大学教育学部附属長岡小学校	◎「独立自尊」が教育目標。豊かな体験学習や中国の学校との交流がある	長岡市学校町 1-1-1	0258-32-4191	開催済み	10月16日(月)公示
新潟大学教育学部附属長岡中学校	◎ 1年間を5つの教育期に分け季節に応じた合言葉を設定し学習や特別活動などを実施	長岡市学校町 1-1-1	0258-32-4190	開催済み(8月26日)	12月9日(土)
新潟大学教育学部附属特別支援学校	◎「進んでやろうとする子、やさしく思いやりのある子、元気でじょうぶな子」が教育目標	新潟市中央区西大畑町 5214	025-223-8383	開催済み	10月16日(月)
上越教育大学附属幼稚園	◎「太陽・土・水の大好きな子どもたち」が合言葉。徒歩0分で「森」という豊かな自然環境	上越市山屋敷町 1	025-521-3697	開催済み	11月1日(水)または2日(木)
上越教育大学附属小学校	◎「今を生き明日をつくる子どもが育つ学校」が研究テーマ(詳細はP38を参照)	上越市西城町 1-7-1	025-523-3610	10月22日(日)	12月10日(日)
上越教育大学附属中学校	◎「確かな学力 響く歌声 あふれる探究心」が合言葉(詳細はP38を参照)	上越市本城町 6-2	025-523-5313	開催済み	12月9日(土)
富山大学人間発達科学部附属幼稚園	◎ 子ども同士の交流活動からカリキュラム編成へと視点を移し幼小交換授業や合同研修会を実施	富山市五艘 1300	076-445-2812	開催済み	3歳10月31日(火)・4歳11月1日(水)
富山大学人間発達科学部附属小学校	◎ 奇跡の星 地球に生きる心豊かでたくしまく創造的な人間を育成。ICT教育に注力	富山市五艘 1300	076-445-2803	10月22日(日)	12月5日(火)
富山大学人間発達科学部附属中学校	◎ 先進的教育モデル開発のため人間発達科学部との共同研究プロジェクトを推進	富山市五艘 1300	076-445-2806	10月1日(日)	2月3日(土)
富山大学人間発達科学部附属特別支援学校	◎ 児童生徒の主体性を育むために日常生活の指導「チャレンジタイム・朝の会」を実践	富山市五艘 1300	076-445-2809	開催済み	12月1日(金)
金沢大学人間社会学域学校教育学類附属幼稚園	◎ 一人一人の幼児が自分なりの力を発揮し、友達とかかわり合いながら生きる力を養う	金沢市平和町 1-1-15	076-226-2171	10月30日(月)	1次3歳男11月30日(木)・3歳女/4歳12月1日(金)、2次2日(土)
金沢大学人間社会学域学校教育学類附属小学校	◎ 智・徳・体のバランスを重んじ、3年生以上は日記など言葉を大切にした伝統的な教育も実施	金沢市平和町 1-1-15	076-226-2111	10月10日(火)	1次11月29日(水)、2次30日(木)

金沢大学人間社会学域学校教育学類附属中学校	◎ 自由闊達な気風を尊び生徒が自主的・自律的に生活をすることをモットーとする			
	金沢市平和町 1-1-15	076-226-2121	10月2日(月)	12月9日(土)
金沢大学人間社会学域学校教育学類附属高等学校	◎ 創設以来小規模校の特性を生かして「昭和の松下村塾」を標榜し世界・国家・社会に貢献			
	金沢市平和町 1-1-15	076-226-2154	開催済み	3月6日(火)・7日(水)予定
金沢大学人間社会学域学校教育学類附属特別支援学校	◎ 自然豊かな里山にあり地域資源や大学の環境資源・人的資源を十分に活用			
	金沢市東兼六町 2-10	076-263-5551	開催済み	11月21日(火)
福井大学教育学部附属幼稚園	◎「夢をもち未来を拓く子の育成」が教育目標			
	福井市二の宮 4-45-1	0776-22-6687	見学会 10月3日(火)	3歳 11月22日(水)・4歳 23日(木)
福井大学教育学部附属義務教育学校(前期)	◎ プロジェクト型学習の成果をOECDで世界各国の中高生に向け英語で発表(詳細はP88を参照)			
	福井市二の宮 4-45-1	0776-22-6891	開催済み	9月25日公示(要項配布開始)
福井大学教育学部附属義務教育学校(後期)	◎ プロジェクト型学習の成果をOECDで世界各国の中高生に向け英語で発表(詳細はP88を参照)			
	福井市二の宮 4-45-1	0776-22-6985	開催済み	
福井大学教育学部附属特別支援学校	◎ 学級や学部単位の活動のほか全校縦割りで班活動に取り組む「レインボータイム」を設ける			
	福井市八ッ島町 1-3	0776-22-6781	開催済み	小・中実施済み・高 11月下旬実施予定
信州大学教育学部附属幼稚園	◎ 教材は既製品ではなくほとんどが日常生活素材などを用い本園教職員が手作り			
	松本市桐 1-3-1	0263-37-2214	開催済み	1次 10月4日(水)、2次 11月7日(火)
信州大学教育学部附属長野小学校	◎ 学びの主体者として子どもの思いや暮らしに軸を置き、生活を創造し自己を高める			
	長野市南堀 77-1	026-251-3350	開催済み	実施済み
信州大学教育学部附属長野中学校	◎「ともに学び 一人となる」が学校目標			
	長野市南堀 109	026-243-0633	開催済み	10月28日(土)
信州大学教育学部附属松本小学校	◎ 感動体験を土台に確かな学力と清らかな人間性を育てる。教科の小中接続を保証			
	松本市桐 1-3-1	0263-37-2216	開催済み	実施済み(1次 7月15日、2次 8月4日)
信州大学教育学部附属松本中学校	◎ 生徒の傍らに教師が共にある子弟同行を大切にしている			
	松本市桐 1-3-1	0263-37-2212	開催済み	10月29日(日)
信州大学教育学部附属特別支援学校	◎ 子ども一人一人の深い理解に基づき生活単元学習・作業単元学習・個別の学習を中核とする			
	長野市南堀 109	026-241-1177	教育相談・体験学習実施済み	11月2日(木)予定

東　海

学校園名	◎ 特　徴 / 住　所	電話番号	幼稚園学校説明会 開催日	平成30年度入園入学 選考日
岐阜大学教育学部附属小学校	◎「自主性・社会性・創造性」が軸の教育。栽培、飼育、奉仕などの児童会活動が盛ん			
	岐阜市加納大手町 74	058-271-3545	10月21日(土)・11月8日(水)	12月28日(木)
岐阜大学教育学部附属中学校	◎ 学力を関係としない抽選で入学者を決定。「汎用的な能力の育成」に力を入れて研究			
	岐阜市加納大手町 74	058-271-3507	11月1日(水)公示	11月1日(水)公示
静岡大学教育学部附属幼稚園	◎「主体的な生活を創造する子 自発・自律・協同」が教育目標。7つの付属校と緊密に連携			
	静岡市葵区大岩町 1-10	054-245-1191	開催済み	実施済み(8月30日、31日)
静岡大学教育学部附属静岡小学校	◎「自らきりひらく子」が教育目標。宿泊体験学習などグループ活動にも力をいれる			
	静岡市葵区駿府町 1-94	054-254-4666	11月7日(火)	1月11日(木)
静岡大学教育学部附属静岡中学校	◎ 自主性を重んじつつ進むべき方向を模索して徐々に独立精神を身につけていくように指導			
	静岡市葵区駿府町 1-86	054-255-0137	入試説明会 10月25日(水)-27日(金)	10月上旬公示予定
静岡大学教育学部附属浜松小学校	◎ 大学や地元民間企業・公立学校の協力を得「理数系(イノベーション)人材育成」を進める			
	浜松市中区布橋 3-2-1	053-455-1441	10月31日(火)・11月2日(木)	1月11日(木)
静岡大学教育学部附属浜松中学校	◎ 先進的な理数才能教育の展開と地域における拠点化の試みを実施(詳細はP42を参照)			
	浜松市中区布橋 3-2-2	053-456-1331	開催済み	10月上旬公示予定
静岡大学教育学部附属島田中学校	◎ 授業は小集団による追求活動を中心に学習課題に対する主体的な学びが深まり広がる			
	島田市中河町 169	0547-35-6500	10月14日(土)	10月2日(月)公示
静岡大学教育学部附属特別支援学校	◎ 縦割り組織で異年齢集団活動に取り組みより包括的な教育活動を展開			
	静岡市葵区大岩町 1-15	054-247-2811	11月6日(月)学校公開	10月2日(月)公示
愛知教育大学附属幼稚園	◎ 自然や社会とかかわって生きるための基礎的な力を育み人格形成の基礎を培う			
	名古屋市東区大幸南 1-126	052-722-4610	10月30日(月)	1次 11月16日(木)・17日(金)・20日(月)、2次 22日(水)
愛知教育大学附属名古屋小学校	◎ グローバル人材育成を目指した幼小中連携教育の推進に取り組む(詳細はP46を参照)			
	名古屋市東区大幸南 1-126	052-722-4616	11月15日(水)	11月1日(水)公示
愛知教育大学附属名古屋中学校	◎ 全学年に帰国生徒学級。海外体験を還元し共働学習を通じて日本の生活への適応を促す			
	名古屋市東区大幸南 1-126	052-722-4613	11月18日(土)	10月21日(土)公示
愛知教育大学附属岡崎小学校	◎ 質実堅実の校風。大学との連携が強く、養護実習など年4回の教育実習がある			
	岡崎市六供町八貫 15	0564-21-2237	10月16日(月)	10月16日(月)公示
愛知教育大学附属岡崎中学校	◎ 子どもの自主性、能動性を大切にした教育を展開			
	岡崎市明大寺町栗林 1	0564-51-3637	10月21日(土)	11月に公示
愛知教育大学附属高等学校	◎ 3年生は「総合的な学習の時間」を利用し主権者として積極的に社会に参加する姿勢を身につける			
	刈谷市井ヶ谷町広沢 1	0566-36-1881	入試説明会 11月11日(土)・12月9日(土)	2月4日(日)

愛知教育大学附属特別支援学校	◎ 一人一人が可能性を十分に発揮して社会で自立できる力を育てる			
	岡崎市六供町八貫 15	0564-21-7300	教育相談 11 月 22 日 (水) まで実施	12 月 1 日 (金)
名古屋大学教育学部附属中学校	◎ 国立大学法人唯一の併設型中高一貫校。小規模を生かし充実した個別指導を実施			
	名古屋市千種区不老町	052-789-2672	10 月 15 日 (日)	1 月 6 日 (土)・7 日 (日)
名古屋大学教育学部附属高等学校	◎ 国立大学法人唯一の併設型中高一貫校。小規模を生かし充実した個別指導を実施			
	名古屋市千種区不老町	052-789-2680	11 月 3 日 (金)	1 月 30 日 (火)
三重大学教育学部附属幼稚園	◎ 豊かな自然環境が特徴。小学校からALTを招き英語学習にも取り組む			
	津市観音寺町 523	059-227-1711	開催済み (9 月 14 日)	3 年保育 10 月 30 日 (月)・2 年保育 31 日 (火)
三重大学教育学部附属小学校	◎「豊かな人間性を持ち主体的に考え行動する子どもの育成」が教育目標。大学学部教員による授業も			
	津市観音寺町 359	059-227-1295	10 月 6 日 (金)	1 次 11 月 18 日 (土)、2 次 21 日 (火)
三重大学教育学部附属中学校	◎「本校へ集えば公立でも通用する先行事例が存在する」状況を実現すべく改革			
	津市観音寺町 471	059-226-5281	11 月上旬公示	11 月上旬公示
三重大学教育学部附属特別支援学校	◎ 本校教職員が創作した楽曲が音楽文化として受け継がれている			
	津市観音寺町 484	059-226-5193	見学会・就学相談・体験学習実施済み	小 11 月 15 日 (水)・中 16 日 (木)・高 1 月 11 日 (木)

近　畿

学 校 園 名	◎ 特　徴 住　所	電話番号	幼稚園学校説明会 開催日	平成30年度入園入学 選考日
滋賀大学教育学部附属幼稚園	◎「今を生きる」が基本理念。同年齢の地域の幼稚園児との交流、付属学校との交流などが盛ん			
	大津市昭和町 10-3	077-527-5257	10 月 2 日 (月) 公示	10 月 2 日 (月) 公示
滋賀大学教育学部附属小学校	◎ 文科省の「発達障害の可能性がある児童生徒に対する早期支援研究事業」の指定校			
	大津市昭和町 10-3	077-527-5251	11 月 7 日 (火)	10 月 2 日 (月) 公示
滋賀大学教育学部附属中学校	◎ 郷土を愛し世界へはばたく心豊かな生徒の育成			
	大津市昭和町 10-3	077-527-5255	11 月 1 日 (水) 公示	11 月 1 日 (水) 公示
滋賀大学教育学部附属特別支援学校	◎「生きぬく力をめざして」見通したしかに、まろやかに人を思いやり、心と体がたくましい子を育む			
	大津市際川 3-9-1	077-522-6569	入学選考説明会開催済み (9 月 8 日)	小中 11 月 10 日 (金)・高 1 月 13 日 (土)
京都教育大学附属幼稚園	◎「幼児期の探究力を探る」が研究テーマ。大学幼児教育学科との連携し教育の質的向上を目指す			
	京都市伏見区桃山井伊掃部東町 16	075-601-0307	10 月 28 日 (土) 予定	11 月公示予定
京都教育大学附属京都小中学校(初等部)	◎ 4-3-2制の小中一貫教育学校。義務教育を通して子どもの育ちを見つめる(詳細はP84を参照)			
	京都市北区紫野東御所田町 37	075-441-4166	開催済み (9 月 9 日)	1 次男 1 月 18 日 (木)・女 19 日 (金)、2 次 23 日 (火)
京都教育大学附属京都小中学校(中高等部)	◎ 4-3-2制の小中一貫教育学校。義務教育を通して子どもの育ちを見つめる(詳細はP84を参照)			
	京都市北区小山南大野町 1	075-431-7131		
京都教育大学附属桃山小学校	◎ 全ての教科・領域において「子ども中心主義」の理念を貫いた教育(詳細はP50を参照)			
	京都市伏見区桃山筒井伊賀東町 46	075-611-0138	開催済み (9 月 9 日)	9 月 9 日公示
京都教育大学附属桃山中学校	◎ 高度な英語教育などで大学が主導する「グローバル人材育成のプログラム開発」に連携			
	京都市伏見区桃山井伊掃部東町 16	075-611-0264	11 月 3 日 (金)	1 月 13 日 (土)・14 日 (日)
京都教育大学附属高等学校	◎ SSH研究指定を第1期から受け17年目。科学技術人材育成のプログラム開発を継続			
	京都市伏見区深草越後屋敷町 111	075-641-9195	9 月 30 日 (土)	2 月 10 日 (土)
京都教育大学附属特別支援学校	◎ 教育目標は「生活意欲に富む、個性豊かな社会人を育成する」			
	京都市伏見区深草大亀谷大山町 90	075-641-3531	開催済み (9 月 22 日)	10 月 3 日 (火) 公示
大阪教育大学附属幼稚園	◎ 専門性をもった大学教員による科学実験、作陶などの体験学習が充実			
	大阪市平野区流町 2-1-79	06-6709-9400	開催済み (9 月 6 日・8 日・11 日・12 日)	10 月下旬予定
大阪教育大学附属天王寺小学校	◎「個が生きる学校」が教育目標。作品コンクール、臨海学舎や学芸会などの伝統行事が盛ん			
	大阪市阿倍野区松崎町 1-2-45	06-6621-0123	開催済み (7 月 24 日)	9 月末 -10 月上旬発表予定
大阪教育大学附属天王寺中学校	◎ 生徒が自らテーマを設定して主体的に取り組む自由研究に力を注ぐ			
	大阪市天王寺区南河堀町 4-88	06-6775-6052	開催済み (8 月 29 日)	1 次 1 月 13 日 (土)、2 次 16 日 (火)
大阪教育大学附属平野小学校	◎ 新教科「未来そうぞう科」を軸とした教育課程の開発・研究に取り組む(詳細はP54を参照)			
	大阪市平野区流町 1-6-41	06-6709-1230	入学説明会 11 月 22 日 (水) 公示	11 月 22 日 (水) 公示
大阪教育大学附属平野中学校	◎ 風土の影響を色濃く受け、穏やかで落ちついた校風を醸し町の中に溶け込む			
	大阪市平野区流町 2-1-24	06-6709-9600	10 月 28 日 (土)	1 次 1 月 20 日 (土)、2 次 22 日 (月)
大阪教育大学附属池田小学校	◎ 独自の学校安全スタンダードとなる Safety Promotion School として情報の発信に努める			
	池田市緑丘 1-5-1	072-761-3591	12 月 8 日 (金)	面接女 1 月 22 日 (月)・男 23 日 (火)、試問 27 日 (土)
大阪教育大学附属池田中学校	◎ 地球市民として人類の平和と繁栄、様々な問題の解決に積極的に貢献する精神を育成			
	池田市緑丘 1-5-1	072-761-8690	開催済み (9 月 16 日)	1 次 1 月 20 日 (土)、2 次 23 日 (火)
大阪教育大学附属高等学校天王寺校舎	◎ 幅広い経験に基づいて深い議論をすることを通じ、行動への自覚と責任感を育成			
	大阪市天王寺区南河堀町 4-88	06-6775-6053	9 月 30 日 (土)	筆記 2 月 12 日 (月)、面接 13 日 (火)
大阪教育大学附属高等学校平野校舎	◎ 課題解決型学習や外国語によるコミュニケーション力向上プログラム等の実践研究を実施			
	大阪市平野区流町 2-1-24	06-6707-5800	10 月 29 日 (日)・12 月 16 日 (土)	適正検査 2 月 4 日 (日)・学力試験 12 日 (月)
大阪教育大学附属高等学校池田校舎	◎ お互いに顔が見える小規模校で個を大切にし自由で自主・自律を尊ぶ校風を培う			
	池田市緑丘 1-5-1	072-761-8473	10 月 14 日 (土)	2 月 10 日 (土)・11 日 (日)

学校園名	◎特徴	住所	電話番号	幼稚園学校説明会 開催日	平成30年度入園入学 選考日
大阪教育大学附属特別支援学校	◎ 一人ひとりを大切に「主体的に社会に関わる力」を育む授業づくりに取り組む	大阪市平野区喜連 4-8-71	06-6708-2580	開催済み(7月4日)	1次9月24日(日)・25日(月)、2次10月21日(土)
神戸大学附属幼稚園	◎「グローバルキャリア人の基本的な資質の育成」が目標(詳細はP58を参照)	明石市山下町 3-4	078-911-8288	10月23日(月)	12月1日(金)公示
神戸大学附属小学校	◎「地球規模で持続的な社会を形成する主体者」たる人材の教育が理念(詳細はP58を参照)	明石市山下町 3-4	078-912-1642	10月2日(月)募集要項配布	10月2日(月)募集要項配布
神戸大学附属中等教育学校	◎ 文科省の研究開発学校として地歴科新科目「地理基礎」「歴史基礎」の開発を行う	神戸市東灘区住吉山手 5-11-1	078-811-0232	10月14日(土)・22日(日)	1月16日(火)
神戸大学附属特別支援学校	◎ 子どもたちの要求や願いを育み、人格を豊かに形成してゆく教育実践に取り組む	明石市大久保町大窪 2752-4	078-936-5683	学校見学会 10月12日(木)	10月2日(月)公示
兵庫教育大学附属幼稚園	◎「心身ともにたくましい子ども」の育成が目標。保育参加など保護者が子育ての力を高める取り組み	加東市山国 2013-4	0795-40-2227	10月4日(水)	10月31日(火)・11月1日(水)
兵庫教育大学附属小学校	◎ かかわる力・ささえる力・あらわす力を醸成。全学年で週1回の英語学習を実施	加東市山国 2013-4	0795-40-2216	11月1日(水)公示	11月1日(水)公示
兵庫教育大学附属中学校	◎ 人生をたくましく豊かに生き抜くために考え、鍛え、行動する人間を育成	加東市山国 2007-109	0795-40-2222	11月1日(水)公示	11月1日(水)公示
奈良女子大学附属幼稚園	◎ 異年齢による探究活動で子ども同士の「学びの文化の伝承」が行われる(詳細はP62を参照)	奈良市学園北 1-16-14	0742-45-7261	開催済み	実施済み
奈良女子大学附属小学校	◎ 子どもが主体的に学習や生活を創造(詳細はP62を参照)	奈良市百楽園 1-7-28	0742-45-4455	開催済み(7月8日・9月2日)	10月21日(土)
奈良女子大学附属中等教育学校	◎ 本園が研究により考え出した「自尊感」と「からだ力」を育む(詳細はP62を参照)	奈良市東紀寺町 1-60-1	0742-26-2571	10月7日(土)・21日(土)	1月18日(木)
奈良教育大学附属幼稚園	◎「自尊心とからだ力」を育む。雑巾がけや体操などのプログラムで「からだ力」の育成を実践	奈良市高畑町 354	0742-27-9286	開催済み	実施済み
奈良教育大学附属小学校	◎「かしこく 健やかに 心ゆたかに 一人ひとりの発達の違いに応じて」が合言葉	奈良市高畑町	0742-27-9281	通常9月29日(金)・特別支援11月16日(木)	通常10月26日(木)・特別支援11月30日(木)
奈良教育大学附属中学校	◎ 真理の科学的な探求を重んじ、平和を願い、いのちを大切にする人間を掲げる	奈良市法蓮町 2058-2	0742-26-1410	オープンスクール 10月7日(土)	2月1日(木)
和歌山大学教育学部附属小学校	◎「豊かな情操・質の高い知性・輝く創造性」が3本柱。実践的なコミュニケーションを重視	和歌山市吹上 1-4-1	073-422-6105	11月1日(水)	12月8日(金)・9日(土)・1月10日(水)
和歌山大学教育学部附属中学校	◎ 問題解決など様々な場面において本校独自の工夫を加えた「協同学習」を実践	和歌山市吹上 1-4-1	073-422-3093	10月22日(日)	10月12日(木)公示
和歌山大学教育学部附属特別支援学校	◎ 個々の児童生徒に応じた教育を行い、積極的に社会生活に参加できる人間を育成	和歌山市西小二里 2-5-18	073-444-1080	体験入学実施済み	11月1日(水)公示

中国

学校園名	◎特徴	住所	電話番号	幼稚園学校説明会 開催日	平成30年度入園入学 選考日
鳥取大学附属幼稚園	◎「自ら選んだ遊び」を中心に保育。預かり保育の実施、保護者の保育参加などの取り組みを行う	鳥取市湖山町北 2-465	0857-28-0010	開催済み(9月21日・22日・25日)	11月1日(水)
鳥取大学附属小学校	◎ 韓国春川教育附設初等学校との交流など国際理解教育に積極的	鳥取市湖山町南 4-101	0857-31-5171	10月16日(月)・17日(火)・21日(土)	12月8日(金)
鳥取大学附属中学校	◎ 明るく前向きなエネルギーを持ち個性的な分野で力を発揮。自由・自立・連帯の気風を持つ	鳥取市湖山町南 4-101	0857-31-5175	10月14日(土)	10月中旬公示予定
鳥取大学附属特別支援学校	◎ 国立知的障害特別支援学校として全国唯一の高等部専攻科を設置	鳥取市湖山町西 2-149	0857-28-6340	11月15日(水)	1月16日(火)
島根大学教育学部附属幼稚園	◎ 幼稚園(4歳児)からの幼小接続教育の実践研究に取り組む	松江市大輪町 416-4	0852-29-1120		
島根大学教育学部附属小学校	◎ 平成31年度から附属小・中学校を義務教育学校に移行することが決定	松江市大輪町 416-4	0852-29-1200	10月下旬～11月上旬公示予定	10月下旬～11月上旬公示予定
島根大学教育学部附属中学校	◎ 平成31年度から附属小・中学校を義務教育学校に移行することが決定	松江市菅田町 167-1	0852-29-1300	10月21日(土)	10月下旬公示予定
岡山大学教育学部附属幼稚園	◎「自主自立 豊かな心でたくましく」が教育目標。「幼少接続期カリキュラム」を作成し円滑な接続に取り組む	岡山市中区東山 2-9-20	086-272-0260	10月中旬開催	12月中旬実施
岡山大学教育学部附属小学校	◎「自由と責任」が校風。幼児教育にて特徴的な「遊び」の性質もつ「スタートアップ学習」に取り組む	岡山市中区東山 2-13-80	086-272-0511		
岡山大学教育学部附属中学校	◎「21世紀型能力」の育成を目指し「思考力」を中核として「基礎力」「実践力」が身に付く授業を実践	岡山市中区東山 2-13-80	086-272-0202	10月29日(日)	1月6日(土)
岡山大学教育学部附属特別支援学校	◎ 児童生徒の全人的な発達を促し積極的に社会生活に参加できる人間の育成を目指す	岡山市中区平井 3-914	086-277-7431	教育・入学相談実施済み	11月2日(木)

広島大学附属幼稚園	◎ ESD(持続可能な開発のための教育)の研究実践を森での保育を通して実践			
	東広島市鏡山北 333-2	082-424-6190	9月30日(土)公示	9月30日(土)公示
広島大学附属小学校	◎「グローバル化社会を生き抜く子どもの育成」をテーマに研究。1学年から「英語科」を導入			
	広島市南区翠 1-1-1	082-251-9882	11月13日(月)予定	11月1日(水)公示予定
広島大学附属中学校	◎「確かな知性と豊かな人間性の形成」「ほんものの教育」を探求			
	広島市南区翠 1-1-1	082-251-0192	10月7日(土)・8日(日)	1月16日(火)
広島大学附属高等学校	◎「確かな知性と豊かな人間性の形成」「ほんものの教育」を探求			
	広島市南区翠 1-1-1	082-251-0192	10月7日(土)	2月1日(木)・2日(金)
広島大学附属東雲小学校	◎「共生社会に生きる主体として学び育つ児童の育成」をめざして協働・共同の教育を展開			
	広島市南区東雲 3-1-33	082-890-5111	10月2日(月)	特別支援学級12月6日(水)・単式・複式学級1月17日(水)・18日(木)・20日(土)
広島大学附属東雲中学校	◎ 普通学級と特別支援学級が共生する縦割り異学年集団で日常的な活動や各種行事に取り組む			
	広島市南区東雲 3-1-33	082-890-5222	10月28日(土)	特別支援12月23日(土)・通常10月28日(土)公示予定
広島大学附属三原幼稚園	◎ 幼小中一貫の新領域を核とした自己開発型教育の研究開発(詳細はP66を参照)			
	三原市館町 2-6-1	0848-62-4642	10月16日(月)	12月11日(月)・12日(火)
広島大学附属三原小学校	◎ 幼小中一貫の新領域を核とした自己開発型教育の研究開発(詳細はP66を参照)			
	三原市館町 2-6-1	0848-62-4238	10月16日(月)	12月11日(月)・12日(火)
広島大学附属三原中学校	◎ 幼小中一貫の新領域を核とした自己開発型教育の研究開発(詳細はP66を参照)			
	三原市館町 2-6-1	0848-62-4777	10月16日(月)	1月下旬(調整中)
広島大学附属福山中学校	◎ 創立以来の自由・自主の伝統的校風。生徒自身の判断で行動するチャイムの鳴らない学校			
	福山市春日町 5-14-1	084-941-8350	開催せず	2月1日(木)
広島大学附属福山高等学校	◎ 創立以来の自由・自主の伝統的校風。生徒自身の判断で行動するチャイムの鳴らない学校			
	福山市春日町 5-14-1	084-941-8350	開催せず	2月2日(金)
山口大学教育学部附属幼稚園	◎「やさしく・かしこく・たくましく」が教育目標。「オープンテラスキッチン」など遊びを促す環境に工夫			
	山口市白石 3-1-2	083-933-5960	10月21日(土)	1次12月9日(土)、2次23日(土)
山口大学教育学部附属山口小学校	◎ 毎日朝の会で15分間「フリートーク」の取り組み			
	山口市白石 3-1-1	083-933-5950	12月11日(月)	10月27日(金)正午公示
山口大学教育学部附属山口中学校	◎「時代と社会に主体的に貢献できる生徒を育成する」が教育目標			
	山口市白石 1-9-1	083-922-2824	オープンキャンパス11月11日(土)	11月11日(土)公示
山口大学教育学部附属光小学校	◎「繊細に試行し、しなやかに発想する」が教育目標。外国語活動、自然環境を生かした取り組み			
	光市室積 8-4-1	0833-78-0124	11月18日(土)	10月下旬公示予定
山口大学教育学部附属光中学校	◎ 小学校と合同で年1回の研究発表大会を開催。年間統一テーマを具現化する「附中祭」が盛ん			
	光市室積 8-4-1	0833-78-0007	11月12日(日)	第1回1月13日(土)、第2回2月3日(土)
山口大学教育学部附属特別支援学校	◎ 大学との連携が容易な環境にあり協力体制が整い盛んに交流する			
	山口市吉田 3003	083-933-5480	開催済み・入学相談11月20日(月)まで	12月5日(火)

四　国

学校園名	◎ 特徴			
	住所	電話番号	幼稚園学校説明会 開催日	平成30年度入園入学 選考日
鳴門教育大学附属幼稚園	◎ 科学的思考力を養う幼小の接続カリキュラムと幼小合同保育・授業を展開			
	徳島市南前川町 2-11-1	088-652-2349	入園希望者参観開催済み(9/5・12・19・28)	幼稚園ホームページを参照
鳴門教育大学附属小学校	◎ 大学の小学校英語センターと連携して先駆的で持続可能な英語教育を研究			
	徳島市南前川町 1-1	088-623-0205	オープンスクール10月28日(土)	学校ホームページを参照
鳴門教育大学附属中学校	◎ 専任校長が学校経営に当たりほとんどの教員が県教育委員会との人事交流で赴任			
	徳島市中吉野町 1-31	088-622-3852	オープンスクール11月3日(金)	学校ホームページを参照
鳴門教育大学附属特別支援学校	◎ 児童生徒・保護者の笑顔があふれ、教職員も一人一人が伸び伸びと校務に取り組む			
	徳島市上吉野町 2-1	088-653-0151	見学随時対応	学校ホームページを参照
香川大学教育学部附属幼稚園	◎ 目的をもって自ら環境に働きかけ意欲的に遊び自分の力で解決していける子どもを育成			
	坂出市文京町 1-9-4	0877-46-2694	11月13日(月)	4歳12月8日(金)・3歳15日(金)
香川大学教育学部附属幼稚園高松園舎	◎ 豊かな自然環境を生かした保育。園児の能動性を促し発揮できる保育を実践			
	高松市番町 5-1-55	087-861-2393	11月15日(水)	11月19日(日)・20日(月)
香川大学教育学部附属高松小学校	◎「分かち合い、共に未来を創造する子どもの育成」を目指す。異学年活動や創造活動に積極的			
	高松市番町 5-1-55	087-861-7108	未定	未定
香川大学教育学部附属高松中学校	◎ 市内の公立中学校も参加するアートプロジェクト「花鳥風月」を生徒が主導			
	高松市鹿角町 394	087-886-2121	11月11日(土)	1月13日(土)
香川大学教育学部附属坂出小学校	◎ 大学教授である校長の専門性を子供の教育に活かす(詳細はP70を参照)			
	坂出市文京町 2-4-2	0877-46-2692	11月18日(土)	1月6日(土)・7日(日)
香川大学教育学部附属坂出中学校	◎ 自ら課題を見つけ主体的・協働的に学ぶ「総合学習CAN」を実施			
	坂出市青葉町 1-7	0877-46-2695	12月2日(土)	11月6日(月)公示
香川大学教育学部附属特別支援学校	◎ 附属4学校園合同の運動会を行うほか、地域の公立学校や各種団体と積極的に交流			
	坂出市府中町綾坂 889	0877-48-2694	体験入学実施済み(6月25日)	12月16日(土)

愛媛大学教育学部附属幼稚園	◎「自分らしさを生かし、ともに生活を楽しむ幼児」を育成。自ら夢中になる遊びを促す(詳細はP74を参照)	松山市持田町 1-5-22	089-913-7857	10月24日(火)・11月13日(月)	12月5日(火)・6日(水)
愛媛大学教育学部附属小学校	◎「土曜授業」の実施、豪州のカレッジと提携など(詳細はP74を参照)	松山市持田町 1-5-22	089-913-7861	10月中旬公示予定	11月中旬公示予定
愛媛大学教育学部附属中学校	◎ 個性・能力を調和的に高めるための主体的な行動力を身につける(詳細はP74を参照)	松山市持田町 1-5-22	089-913-7841	10月1日(日)	9月27日(水)公示
愛媛大学附属高等学校	◎ 地域のリーダーとして活躍する人材を育てる(詳細はP74を参照)	松山市樽味 3-2-40	089-946-9911	開催済み(7月28日・31日)	2月14日(水)・15日(木)
愛媛大学教育学部附属特別支援学校	◎ 大学と連携した小中高12年間の一貫性・系統性のある教育を実践(詳細はP74を参照)	松山市持田町 1-5-22	089-913-7891	開催済み(8月28日)	小11月7日(火)・中8日(水)・高12月7日(木)
高知大学教育学部附属幼稚園	◎ 大学の専門教員による美術・体育・音楽・食育などの遊びや活動を行っている	高知市小津町 10-26	088-822-6417	開催済み(9月20日)	3年保育11月24日(金)・2年保育25日(土)
高知大学教育学部附属小学校	◎ 2年ごとの複式学級を3クラス設置し、複式教育研究を推進している	高知市小津町 10-13	088-822-6327	10月24日(火)	10月24日(火)以降に公示
高知大学教育学部附属中学校	◎ のびのびとして自由闊達、かつ仲間を大切にし伝統を守る	高知市小津町 10-91	088-822-6537	10月28日(土)	2月17日(土)・18日(日)
高知大学教育学部附属特別支援学校	◎ 障害特性に応じた雇用、雇用に向けた作業学習研究を推進	高知市曙町 2-5-3	088-844-8450	体験入学高10月24日(火)・小25日(水)・中26日(木)	10月24日(火)公示

九　州

学校園名	◎ 特徴	住所	電話番号	幼稚園学校説明会 開催日	平成30年度入園入学 選考日
福岡教育大学附属幼稚園	◎ 豊かな心で自己を十分に発揮、心身の調和のとれた発達と生きる力の基礎を身につけた幼児を育成	宗像市赤間文教町 1-30	0940-35-1262	11月1日(水)	11月22日(水)
福岡教育大学附属福岡小学校	◎ 帰国子女学級の設置などグローバル社会への対応を目指す	福岡市中央区西公園 12-1	092-741-4731	10月下旬公示予定(昨年度実績11月8日)	10月下旬公示予定(昨年実績1次1月12日、2次14日)
福岡教育大学附属福岡中学校	◎ 総合的な学習や各教科の授業においても「アクティブラーニング」を採用	福岡市中央区西公園 12-1	092-771-8381	10月上旬公示予定(昨年度実績11月5日)	10月上旬公示予定(昨年実績学力検査11月21日)
福岡教育大学附属小倉小学校	◎「豊かな心とたくましい実践力のある子どもの育成」を目指す。体育大会や合唱祭など小中が連携	北九州市小倉北区下富野 3-13-1	093-531-1434	10月下旬公示予定(昨年度実績11月8日)	10月下旬公示予定(昨年実績1次1月12日、2次14日)
福岡教育大学附属小倉中学校	◎ 循環的な学習プロセスの構築、キャリア形成を目指す総合的な学習、価値の自覚を深める道徳実践	北九州市小倉北区下富野 3-12-1	093-541-8621	10月上旬公示予定(昨年度実績11月5日)	10月上旬公示予定(昨年実績学力検査11月21日)
福岡教育大学附属久留米小学校	◎ 情報科の新設など先進性のある実践研究を推進	久留米市南 1-3-1	0942-32-4401	10月下旬公示予定(昨年度実績11月8日)	10月下旬公示予定(昨年実績1次1月12日、2次14日)
福岡教育大学附属久留米中学校	◎ 二学期制のもと「人間力の向上」を目指す教育課程を工夫し構築	久留米市南 1-3-1	0942-32-4488	10月上旬公示予定(昨年度実績11月5日)	10月上旬公示予定(昨年実績学力検査11月21日)
佐賀大学教育学部附属幼稚園	◎「質としての子育て支援」を目指す	佐賀市水ヶ江 1-4-45	0952-24-2745	11月1日(水)	10月24日(火)公示
佐賀大学教育学部附属小学校	◎「生きる力とリーダー性」の育成に取り組む。昨今課題のインクルーシブ教育などに積極的	佐賀市城内 2-17-3	0952-26-1005	11月19日(日)	11月19日(日)公示
佐賀大学教育学部附属中学校	◎ 次世代のリーダーを育成するために、グローバル人材育成の素地を培う	佐賀市城内 1-14-4	0952-26-1001	10月28日(土)	1月13日(土)
佐賀大学教育学部附属特別支援学校	◎ 児童生徒が健康で明るく楽しく仲良く思いやりを持って過ごせる学校づくりに努める	佐賀市本庄町大字正里 46-2	0952-29-9676	就学相談小中実施済み・高12月4日(月)-8日(金)	小・中10月11日(水)・高1月10日(水)
長崎大学教育学部附属幼稚園	◎ 子どもたちの自主性を重んじて遊び中心の自由保育を実施	長崎市文教町 4-23	095-819-2288	開催済み(9月28日)	2年保育11月28日(火)・3年保育29日(水)
長崎大学教育学部附属小学校	◎ 複式教育の理論と実践に先進的に取り組む。大学教員との連携で理科教材の先進化にも積極的	長崎市文教町 4-23	095-819-2271	12月上旬	12月上旬公示予定
長崎大学教育学部附属中学校	◎ 2学期制を導入し学校生活にゆとりを持たせ学校行事などの充実を図る	長崎市文教町 4-23	095-819-2277	オープンスクール10月28日(土)	10月28日(土)公示
長崎大学教育学部附属特別支援学校	◎「生きる喜びをつくる」「生きる力を身につける」が目指す生徒像	長崎市柳谷町 42-1	095-845-5646	10月31日(火)	12月7日(木)・8日(金)
熊本大学教育学部附属幼稚園	◎ 預かり保育や相談活動、園庭解放を実施し子育て支援センター的役割を果たす	熊本市中央区城東町 5-9	096-352-3483	10月13日(金)・14日(土)	2年保育11月28日(火)・3年保育男29日(水)・女30日(木)
熊本大学教育学部附属小学校	◎「自主自立の教育・個性重視の教育・自他の尊重の教育」が教育目標	熊本市中央区京町本丁 5-12	096-356-2492	11月初旬公示予定	11月初旬公示予定
熊本大学教育学部附属中学校	◎ 後輩が先輩の姿を見て学び自主的に問題の解決に向けて行動する自治的集団となっている	熊本市中央区京町本丁 5-12	096-355-0375	10月上旬公示予定	10月上旬公示予定
熊本大学教育学部附属特別支援学校	◎「あいさつ」「創造」「アピール」を重点目標に掲げ県の研究拠点校として邁進中(詳細はP78を参照)	熊本市中央区黒髪 5-17-1	096-342-2953	10月5日(木)	面接行動観察11月29日(水)、諸検査小12月5日(火)・中6日(水)・高7日(木)

大分大学教育学部附属幼稚園	◎ 地域の方が講師として来園し読み聞かせやわらべうたを行う「お話リボンの会」を毎週実施	大分市王子新町 1-1	097-544-4449	10月16日(月)	1次4歳12月12日(火)・3歳男13日(水)・女14日(木)、2次15日(金)
大分大学教育学部附属小学校	◎「グローバル社会を生ききる力を身につけた子どもの育成」を目指す。県教委と強く連携	大分市王子新町 1-1	097-543-6732	11月11日(土)	1次1月12日(金)、2次20日(土)
大分大学教育学部附属中学校	◎ 伝統を重んじつつ「前例踏襲は退歩である」をモットーに常に新たな取り組みに挑戦	大分市王子新町 1-1	097-543-6731	開催済み(9月16日)	1月7日(日)
大分大学教育学部附属特別支援学校	◎「連携のある学校」「貢献のある学校」を重点課題に掲げ、図書館など地域資源を積極的に活用	大分市王子新町 1-1	097-543-8317	開催済み(9月27日)	1月10日(水)
宮崎大学教育学部附属幼稚園	◎ 子どもたちは好きな遊びをしながら「かかわる力」「考える力」「表現する力」を身につける	宮崎市船塚 1-1	0985-24-6707	11月中旬予定(募集要項配布期間中)	10月13日(金)公示予定
宮崎大学教育学部附属小学校	◎ 幼少中一貫教育で「かかわる力」の育成を目指す	宮崎市花殿町 7-49	0985-24-6706	オープンスクール9月27日(水)	10月中旬公示予定
宮崎大学教育学部附属中学校	◎ 全校生徒が一つになって絆を深める体育大会や橘祭など先輩から後輩へ受け継ぐ伝統	宮崎市花殿町 7-67	0985-25-1122	11月11日(土)	1月中旬予定
鹿児島大学教育学部附属幼稚園	◎ 子ども一人一人の理解に努め、発達の特性に応じた保育に努める	鹿児島市郡元 1-20-15	099-285-7990	10月4日(水)	10月18日(水)
鹿児島大学教育学部附属小学校	◎ 校訓は「まことの子 ちからの子 のぞみの子」。複式学級におけるICT活用研究に積極的	鹿児島市郡元 1-20-15	099-285-7962	11月26日(日)	1月8日(金)・16日(火)
鹿児島大学教育学部附属中学校	◎ シンボルツリーである7本の銀杏の木に「真理・理想・自律・誠実・友愛・剛健・雄飛」の校訓を充てる	鹿児島市郡元 1-20-35	099-285-7932	11月23日(木)予定	総合1月14日(日)、最終28日(日)各予定
鹿児島大学教育学部附属特別支援学校	◎ 県のモデル校として先進的な教育に取り組む。学校行事の多くを生徒主体が企画・運営	鹿児島市下伊敷 1-10-1	099-224-6257	10月4日(水)	12月1日(金)・2日(土)
琉球大学教育学部附属小学校	◎「一人一人が夢をもち、未来を生きる力のある子」が教育目標。校内宿泊体験などの豊かな活動を実施	沖縄県中頭郡西原町字千原 1	098-895-8454	10月24日(火)	1次12月2日(土)、2次8日(金)
琉球大学教育学部附属中学校	◎「よく考え 豊かに感じ 自発的に行動する 生徒の人間性を形成する」が教育目標	沖縄県中頭郡西原町字千原 1	098-895-8462	11月17日(金)	1月16日(火)・17日(水)

わたしたちは国立大学附属学校を応援しています

この国と地域の未来を担う人材を育む教育の場。のびのびはつらつとした環境から社会にはばたくのは、
高度な知識と幅広い視野、人間力に富んだ若者と教育者たちです。
これからもわたしたちは最先端教育の拠点である国立大学附属学校にエールを送り続けていきます。

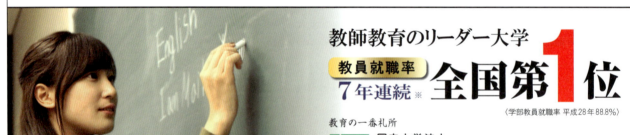

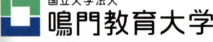

※平成22,23,24年の3年間の教員就職率（全学生対象）と，平成25,26,27,28年の教員就職率（大学院進学者と保育士就職者を除いたもの）を通算したもの

鳴門教育大学

国立大学 附属学校のすべて

編　　集 …… 熊本鷹一（デスク）、斎藤 岬、花澤治子
進　　行 …… 友田 聡
ライター …… 石田温香、石鍋謙太、宇野浩次、落合絵美、金手健市、
住本麻子、高橋ダイスケ、戸崎友莉、中野 慧、西森路代、
萩原雄太、初野正和、間瀬智彦、山口哲哉
広告営業 …… 加賀田慶浩
装幀・本文デザイン … 豊田秀夫
本文デザイン …… 榎本美香、関野ひかる（アートラクト）

2017年10月20日　初版第1刷発行
編　　者 …… 月刊『コロンブス』編集部
編集・発行人 …… 古川 猛
発　　行 …… 東方通信社
発　　売 …… ティ・エー・シー企画
住　　所 …… 東京都千代田区神田錦町1-14-4
電　　話 …… 03-3518-8844
F　A　X …… 03-3518-8845
http://www.tohopress.com
印刷・製本 …… シナノ印刷
発行協力 …… 全国国立大学附属学校連盟・全国国立大学附属学校PTA連合会

2017 printed in Japan
ISBN978-4-924508-25-5

＜表紙校章＞（左から右・上から下） 愛媛大学附属高等学校、上越教育大学附属中学校、北海道教育大学附属函館小学校、香川大学教育学部附属坂出小学校、愛媛大学教育学部附属小学校、熊本大学教育学部附属特別支援学校、福井大学教育学部附属義務教育学校、広島大学附属三原学校園、愛媛大学教育学部附属特別支援学校、京都教育大学附属京都小中学校、京都教育大学附属桃山小学校、千葉大学教育学部附属小学校、奈良女子大学附属中等教育学校、奈良女子大学附属小学校、東京学芸大学附属竹早小学校、大阪教育大学附属平野小学校、東京学芸大学附属国際中等学校、愛知教育大学附属名古屋小学校、お茶の水女子大学附属小学校、お茶の水女子大学附属中学校、お茶の水女子大学附属高等学校　**＜裏表紙校章＞（左から右・上から下）** 埼玉大学教育学部附属中学校、香川大学教育学部附属坂出中学校、大阪教育大学附属幼稚園、香川大学教育学部附属高松中学校、広島大学附属福山中学校高等学校、筑波大学附属大塚特別支援学校、東京学芸大学附属世田谷中学校、東京学芸大学附属幼稚園小金井園舎、熊本大学教育学部附属幼稚園、宮城教育大学附属中学校、熊本大学教育学部附属小学校、静岡大学教育学部附属特別支援学校、宮崎大学教育学部附属中学校、新潟大学教育学部附属新潟小学校、茨城大学教育学部附属小学校、金沢大学人間社会学域学校教育学類附属幼稚園、和歌山大学教育学部附属中学校、山梨大学教育学部附属幼稚園、岐阜大学教育学部附属中学校、群馬大学教育学部附属小学校、新潟大学教育学部附属長岡小学校、京都教育大学附属桃山中学校、金沢大学人間社会学域学校教育学類附属小学校、金沢大学人間社会学域学校教育学類附属中学校、北海道教育大学附属函館特別支援学校、秋田大学教育文化学部附属幼稚園、愛知教育大学附属名古屋中学校、横浜国立大学教育学部附属横浜小学校、鳥取大学附属幼稚園、宮城教育大学附属小学校、大阪教育大学附属特別支援学校、高知大学教育学部附属小学校、熊本大学教育学部附属中学校、金沢大学人間社会学域学校教育学類附属特別支援学校、香川大学教育学部附属高松小学校